La Réponse de Pythagore

Larisa SEKLITOVA
Ludmila STRELNIKOVA

La Réponse de Pythagore

Série « Au delà de l'inconnu »

Edition : BoD - Books on Demand
12/14 rond-point des Champs Elysées
75008 Paris
Imprimé par BoD – Books on Demand, Norderstedt
ISBN : **9-782-3222-0409-0**
Dépôt légal : **Janvier, 2020**

L.L. Seklitova, L.A. Strelnikova

LA RÉPONSE DE PYTHAGORE

Ce livre révèle à l'homme de nombreux secrets de son existence sur la Terre, racontant des constructions du plan subtil comme des hologrammes du passé et du futur et la possibilité de les visiter. Le lecteur apprendra comment sa vie est organisée dans le monde matériel et comment le temps contrôle son mouvement à travers les hologrammes des situations. Pour la première fois, le lecteur apprend ce qu'est la boucle du temps du Futur et du Passé, beaucoup lui sera révélé dans le travail de son propre programme. Il apprend comment une personne pense selon le programme, comment ses désirs, ses sentiments apparaissent et son intuition dans le programme fonctionne.

Le lecteur découvrira les secrets de certains nombres, mots, écrivains mystiques; ils sauront quels poètes peuvent être classés comme voyants; d'où viennent les informations sur les films d'horreur et ce que Pythagore prévoyait. Il découvrira de nombreux nouveaux détails sur les programmes, leur point final, les situations de blocage, comment le temps fonctionne dans le programme d'une personne.

Le livre révélera les secrets de l'existence des Essences du Feu, de l'Être, de la Mort et du Temps; les pages du livre diront qui peut devenir Essence des Lois, et bien plus sur les créatures inconnues de nous appelées les Essences.

Les informations ont été obtenues sur la base de contacts avec l'Esprit Supérieur et contiennent des documents exclusifs.

Introduction

Ce livre est principalement consacré aux nombres et aux nombres. Ils cachent de nombreuses énigmes en eux-mêmes et ne sont pas complètement résolus par l'humanité, qui n'a compris que leur côté extérieur, l'aidant à étudier le côté quantitatif du monde, mais ce qui cache leur essence intérieure reste inaccessible pour lui. Tous leurs secrets les plus profonds ne seront révélés que lorsque l'âme entrera dans la hiérarchie de Dieu et atteindra plusieurs Niveaux supplémentaires.

Le développement de l'âme, son amélioration continue nous permet de découvrir les Grands Secrets de l'Univers et les mystères de notre monde.

Dans ce livre, répondant aux nombreuses questions qui nous sont posées, nous ouvrirons quelques secrets (énigmes) des nombres, et présenterons également aux lecteurs les énigmes étonnantes du temps, les propriétés des hologrammes et leur passage à travers les programmes de la vie humaine. Le lecteur découvrira en quoi les hologrammes du futur diffèrent des hologrammes du passé, combien de liberté il a dans l'hologramme qu'il a atteint et comment il est capable d'influencer les événements.

Le livre raconte beaucoup de choses intéressantes sur les écrivains célèbres du passé et leurs créations. Il découvrira également la signification du développement qualitatif d'Essences telles que l'Essence du Feu, de la Vie et de la Mort, et bien d'autres.

*- voir le dictionnaire;) * - l'explication de l'auteur.

Le préface. Les signes de 2019.
LES SIGNES, EXAMINÉS PAR LES LECTEURS

Commençons ce livre avec les signes sur lesquels notre lecteur Andrey Gudkov s'est concentré dans sa lettre (datée du 26 avril 19), enthousiasmé par les derniers événements d'avril, qui sont des précurseurs négatifs que de nombreuses sources anciennes mentionnent. De plus, sa lettre est un exemple de comment (voir) reconnaître les Signes et comment apprendre à les comprendre, ce que les gens nous demandent souvent. L'auteur de la lettre Andrey Gudkov vous répondra plus précisément, il partagera avec vous ses réflexions sur ce qu'il a vu, ainsi que (et) sa conclusion.

«Bonjour, chers Messagers, Auteurs, Enseignants!

Je suis de tout cœur reconnaissant pour le Nouvel Enseignement!

Les événements de la mi-avril (2019) apportent mes réflexions sur les prédictions de la Bible, Michel Nostradamus et votre livre «2012. Prédictions optimistes »(Amrita-Rus, deuxième édition, 2010, L. A. Seklitova, L. L. Strelnikova, p. 78, fig. 16 -«La Tour ... », p. 90 -« La connaissance éclaire l'esprit »)

Selon des nouvelles des médias, la télévision du 16 avril 2019 a rapporté que les événements suivants s'étaient produits le 15 avril:

a-1) en France, à Paris - un incendie dans la cathédrale catholique de Notre-Dame, Notre-Dame, à la suite de quoi la flèche est tombée sur la cathédrale, la zone d'allumage est immense;

a-2) au même moment, la mosquée Al-Aqsa de Jérusalem a pris feu;

b) une église catholique en bois incendiée au sol au Bélarus;

c) à Achgabat, la capitale du Turkménistan, le long de la route principale et centrale de la ville (elle fait partie de "La route de la soie"), la coulée de boue "passait" comme une niveleuse (avec une pelle de tracteur), nettoyant les "ordures" - les réalisations de la science et de la technologie humaines.

Pourquoi cela s'est-il produit le même jour, dans différents États, et même dans les capitales? Ces événements doivent-ils être considérés comme un signe, un avertissement ou une punition d'en Haut?

La Bible dit: "... et la tour de Babel tombera ..." (je ne peux pas garantir l'exactitude de la citation, mais l'essence de l'action prédite est importante pour moi). Michel a une illustration - l'une des "Tour ..." trouvées. Ces rappels signalent également que, dans chaque pays, il existe des édifices religieux, des bâtiments, des tours, des temples monumentaux; les complexes et sites historiques, dont la perte ou les dommages importants, conduisent les citoyens du pays à des observations décevantes, à des conclusions sur la suppression de la protection des Saints et, par conséquent, des Supérieurs. Cela est démontré par les résidents eux-mêmes des pays dans lesquels des événements similaires se sont produits, comme je l'ai indiqué ci-dessus.

Récemment, j'ai commencé à prendre très au sérieux les signes et les signes de toutes sortes. Et mes conclusions sont décevantes. Considérant ce qui est maintenant légalisé dans certains pays: l'anarchie et l'impunité, la volonté propre et l'anti-diplomatie, l'anti-justice et la jurisprudence imaginaire; mariages dans les temples - minorités perverses, mariage homosexuel, etc. (Liste dégoûtante, faible). Les restrictions économiques sur les activités des États - sanctions, gelées, interventions - voilà tout, je pense, est la punition des personnes par les Supérieurs. La patience des Maîtres Célestes est terminée, Ils essaient de montrer que l'agression humaine ne doit pas se prolonger dans le futur. Il est dommage que les gens ne comprennent pas cela.

Le développement spirituel est la connaissance des Vérités Supérieures est ignorée et non reconnue!

Peut-être que les rappels prophétiques de la Bible, Michel Nostradamus, Vanga et d'autres ont plusieurs significations et ne sont pas «liés» à une localité, mais font référence à de nombreuses «tours» dans différents pays. Ce sont des pensées, des observations, des comparaisons, des conclusions sur papier que je voulais tellement écrire, comme des signes de la fin de la cinquième race, que beaucoup ne veulent pas remarquer. Par conséquent, j'écris en texte clair, en essayant de partager ce que j'ai vu avec eux, afin qu'ils puissent également apprendre à voir et à connecter le nécessaire ensemble. Et je veux ajouter un peu à ce qui suit.

En Palestine, le Chêne d'Abraham, qui avait environ 5000 ans, s'est soudainement effondré, sinon il s'appelle le Chêne Mamvriky. Sa patrie est la Palestine. Cet arbre est le plus ancien de notre planète. Il a grandi sur le territoire du monastère de la Sainte-Trinité à Hébron en Jordan. Selon la tradition biblique, c'est sous cet arbre que Dieu apparut au patriarche Abraham. "Le Seigneur lui est apparu dans les chênaies de Mamre alors qu'il était assis à l'entrée de la tente, pendant la chaleur du jour."

Après la chute du Chêne d'Abraham, les croyants du monde entier ont commencé à paniquer. Une ancienne prophétie dit que la mort de cet arbre sacré met en garde contre la fin prochaine du monde. Cependant, les Supérieurs donnent encore aux gens l'espoir du salut. Ainsi, par exemple, cet arbre a déjà été reconnu mort en 1996. Cependant, il a continué à se tenir debout, maintenant fermement ses racines au sol, et quelque temps après cette tragique reconnaissance, deux petits arbres ont germé de ses racines. Les croyants ont considéré cela comme un véritable miracle et un bon signe qui insuffle dans l'âme des croyants l'espoir que la planète sera à nouveau sauvée. "

(L'article d'Andrei Gudkov du 26 avril 2019)

CE QUI SE PASSERA APRÈS 2020

Le lecteur. Je voudrais savoir ce qui va se passer en 2020: la fin de l'humanité ou des catastrophes de masse? Ou peut-être que rien ne se passera? Ou de telles informations ne peuvent pas être divulguées à l'humanité?

Mais, néanmoins, je voudrais savoir - par quels signes il est possible de juger les événements imminents: qu'est-ce qui est déjà inévitable, et que ne se passera-t-il pas bientôt? Il ne s'agit pas de paniquer, mais de se concentrer sur la correction, par exemple, de vos erreurs, essayez de réduire votre karma.

La réponse. Au cours de la 2020e année, il n'y aura pas d'apocalypse. Les Supérieurs collecteront toutes les données nécessaires sur l'humanité afin d'analyser enfin son développement et esquisser un nouveau plan de restructuration du transfert des âmes de la 5e à la 6e race. Autrement dit, des mini-projets pour cette traduction seront planifiés afin de commencer à collecter des âmes du même style de comportement et du Niveau de développement qu'ils ont atteint pour leur distribution appropriée. Certains seront envoyés, après leur mort programmatique, à nouveau sur la Terre pour déterminer le karma, d'autres recevront des vies supplémentaires pour tester les qualités de l'âme, d'autres encore commenceront à affiner des qualités incomplètes et d'autres commenceront à se retirer de l'évolution (cela est également lié au développement de ces ressources énergétiques que les Supérieurs ont dépensé pour leur vie et leur développement, mais ils n'ont pas été à la hauteur de leurs espoirs).

Des mini-projets seront également créés pour traduire certaines âmes en mondes parallèles et autres. Les âmes cosmiques qui ont affiné leurs qualités spécifiques sur Terre commenceront à retourner dans les mondes dont elles sont issues. Pendant cette période de perestroïka, des cataclysmes continueront de se produire, mais seulement légèrement.

Une fois tous ces mini-projets mis en œuvre, seule la 6e race restera sur la Terre, qui commencera à se développer selon de nouveaux programmes. La destruction complète de l'humanité ne se produira pas. Les cataclysmes se dérouleront en privé, et la zone de leur action ne s'étendra pas à tout le monde. Tous ces mini-projets prendront en compte. Par conséquent, les gens doivent vivre selon les règles que nous donnons et contenues dans notre Enseignement. L'essentiel est de faire moins d'erreurs dans la vie.

(Terminé le 31 septembre 2019)
* - voir le dictionnaire;) * -l'explication de l'auteur.

CHAPITRE 1
INTÉRESSANT INCONNU.
LES ÉCRIVAINS ET LES POÈTES

Les écrivains, comme beaucoup de choses dans le monde terrestre, sont divisés en positifs et négatifs, certains écrivent sur le bien, d'autres - sur le mal. Mais de nombreuses œuvres sont écrites de telle manière que le lecteur ignorant ne sait pas clairement qui signe: plus ou moins, les manuscrits appartiennent, ceux qui sont nuisibles et ceux qui sont bons, qui chargent l'âme positivement et lesquels négativement. De plus, ils ne savent pas beaucoup d'autres choses, par exemple, que l'utilisation de la technologie informatique ou de tout genre de littérature peut caractériser une œuvre comme porteuse d'une charge positive ou négative. De plus, cela dépend beaucoup du lecteur, car une personne du (un) travail ne tirera pour elle-même que le positif et le bon, et l'autre du même travail - le négatif et le mauvais.

Les gens ne savent pas qu'un auteur positif (écrivain) peut écrire des livres positifs et négatifs, le premier éduquera une personne dans un sens positif, et le second dans une direction négative, à partir de là certains le conduiront à Dieu, et d'autres au Diable.

La créativité peut rester neutre, mais elle peut influencer les gens de la manière opposée, même d'un seul auteur, s'il crée des œuvres sur différents sujets, sans penser à la façon dont ses créations affectent les autres. Le plus souvent l'auteur (le créateur) aspire à ce que son travail attire l'attention, soit en demande et ne ramasse pas de poussière sur l'étagère, et l'importance éducative de l'écrivain aux gens ne le dérange généralement pas, plus précisément, la personne n'a pas encore grandi dans sa compréhension de cette prise de conscience de ses créations . Il semble aux créatifs qu'ils créent leurs œuvres afin de divertir un simple profane, et personne ne pense au moment éducatif de leurs créations. Bien que certaines œuvres décomposent l'âme de quelqu'un d'autre et aident à descendre dans le monde souterrain, d'autres inspirent et se précipitent vers le Ciel.

Mais nous nous attardons spécifiquement sur les écrivains et les livres comme les principales sources d'information qui contribuent à l'amélioration de l'âme. Les livres contribuent également au développement des sentiments humains et, par conséquent, à l'enrichissement de la coquille astrale avec certains types d'énergies, divisés par signe en plus et en moins. Mais nos lecteurs ont d'abord réfléchi aux écrivains qu'ils connaissent et à la façon dont leurs livres affectent les gens et leur destin.

Alors, que demandent nos lecteurs?

CE QUI N'EST PAS INTERDIT AUX ÉCRIVAINS

Le lecteur. Est-il interdit aux écrivains positifs de Dieu de mentionner le pouvoir impur dans leurs œuvres?

La réponse. Pas interdit. Tout dépend de l'art de l'écrivain et de sa capacité à exprimer correctement leur essence. De plus, il est important de faire la distinction entre: il y a des héros négatifs bas et sales, comme Wii et d'autres mauvais esprits avec lui du travail de Gogol, et il y a des négatifs élevés, comme Woland (du livre "Le Maître et Marguerite" de M. Boulgakov), qui ont une grande connaissance et comprendre l'essence intérieure de chaque personne. Et par conséquent, ils sont chargés de compiler le karma d'une personne et d'exécuter les punitions.

Si une personne décrit toute la bassesse et la saleté, alors un tel travail éveille de faibles passions et des sentiments sales chez les gens. Il n'élève pas l'âme au-dessus du plan terrestre, mais l'abaisse. Autrement dit, un tel écrivain (s'il vivait dans le passé) a contribué à la dégradation de l'homme. Chaque auteur doit être conscient des sentiments faibles ou élevés, il éveillera le lecteur avec son travail, anticipant les conséquences.

L'écrivain doit comprendre que si son manuscrit (de travail) contribuera à la dégradation de l'homme, alors il devra payer karmiquement. Et les gens créatifs pensent généralement à autre chose: quel effet cela (la création) aura-t-il sur la sophistication littéraire dans la société, et pour cela, ils humilient injustement, tuent leurs héros, leur permettent de pécher de manière colorée et voluptueuse, confondant les méthodes d'éducation du Système positif et du négatif. Ça ne devrait pas l'être. Toute œuvre d'art doit non seulement divertir l'ennui, mais (doit) guider l'âme. Mais là où cela dépend déjà de la compétence et des objectifs de l'écrivain (scénariste, réalisateur), ainsi que du fondement moral de son âme.

Le lecteur. Gogol a délibérément pris contact avec des représentants de la Hiérarchie Noire ou a accidentellement pris des idées d'eux, sans le savoir lui-même.

La réponse. Il a inconsciemment perçu des informations provenant de forces négatives. Il n'avait pas de contacts spéciaux.

Le lecteur. Si l'auteur, en écrivant des œuvres mystiques, est capable d'accepter inconsciemment les pensées du diable, alors pourquoi Gogol a-t-il été mis au péché? Et le guide de l'écrivain lui a-t-il dit qu'il recevait des idées du Diable et qu'il devait faire attention?

La réponse. Les signaux d'avertissement sont toujours donnés par le Déterminant, mais la personne choisit elle-même ce qui est le plus intéressant pour elle. De plus, il faut tenir compte du fait que pendant le temps de Gogol, il n'y avait aucune information sur le travail du Maître céleste avec son élève sur la Terre et qu'une personne peut recevoir des signes d'en Haut, par conséquent, chaque écrivain s'est concentré principalement sur les connaissances qu'il a reçues de leurs proches, grands-parents, ainsi que des histoires qui se sont déroulées parmi (les gens). Fondamentalement, leur imagination a été alimentée par le folklore, la fiction et les légendes transmises de bouche en bouche par les vagabonds et d'autres personnes.

Cependant, pour les écrivains avec un parti pris mystique et fantastique des œuvres, le canal de communication avec leur Déterminant a bien fonctionné. Ces auteurs l'ont développé dans le processus d'écriture d'œuvres d'art et de liberté d'imagination. Pensant constamment, réfléchissant à l'intrigue, ils ont involontairement pris des idées et des conseils de leur Enseignant Céleste, ne sachant pas à l'époque la présence de quelque chose d'illégal, non souhaitable pour l'écriture. Dans le passé, les écrivains étaient différents, et ils ne savaient pas ce qu'ils pouvaient (éthiquement) décrire et ce qui n'était pas souhaitable.

Mais si nous parlons des signes et des interdictions que les écrivains mystiques pourraient soumettre à leurs Déterminants, nous devons nous rappeler que Dieu a la liberté de choix non seulement dans les actions de l'homme lui-même dans les situations de la vie, mais aussi la liberté de choix dans ses créations.

Par conséquent, chaque écrivain crée des œuvres individuellement selon ses plans, et personne n'a le droit d'interférer dans son travail. Les objectifs de l'œuvre peuvent être très différents, et l'auteur choisit celui qu'il juge nécessaire au moment d'écrire sa création littéraire (œuvre). Tout le reste est la spéculation de toutes les personnes basses et négatives essayant d'induire le lecteur en erreur et de réduire la valeur d'une œuvre.

L'auteur écrit sur haut ou bas, mais il recrée tout de façon réaliste. Et cela est précieux pour sa création (de travail). Mais de chaque livre, le lecteur, en raison de son niveau de développement, peut tirer diverses conclusions. Par exemple, prenez (l'ouvrage) un roman de M. Boulgakov «Le maître et Marguerite». Un individu positif dira que cette œuvre est un hymne à Dieu, puisque le Diable parle positivement et respectueusement de Dieu et lui obéit, et un individu négatif déclare que c'est un hymne à Satan pour discréditer (l'écrivain) l'auteur. Autrement dit, tout réside dans l'essence du lecteur, pas de l'écrivain. Et (il faut blâmer) le lecteur est à blâmer pour cela, parce qu'il n'est pas capable de comprendre les conceptions grandioses des classiques.

LES ÉNIGMES DE LA MORT DE GOGOL

On voudrait savoir et clarifier ce qui suit.

Le lecteur. Avec quel genre de mission N.V. Gogol était-il incarné sur la Terre?

La réponse. Avec la mission de l'écrivain.

Le lecteur. Qu'est-il arrivé à l'âme de Gogol après sa mort, quel est son sort maintenant?

La réponse. L'âme de Gogol, comme de nombreuses personnalités positives, après la mort et la purification partielle est entrée dans le Stockage des âmes et a pris son Niveau.

Elle poursuit son développement et son sort futur sera décidé lors du Jugement Dernier.

Le lecteur. Dieu a-t-il aimé le livre «Vii» de l'écrivain Gogol?

Et les Supérieurs peuvent-ils dire: comment ont-ils évalué eux-mêmes des œuvres telles que: «Vii», «Le Maître et Marguerite»? Qu'est-ce que Dieu a aimé chez eux et qu'est-ce qui n'a pas plu? Il est juste intéressant de savoir quel genre d'évaluation le Créateur lui-même a donné à ces œuvres ou à certaines Essences Positives Supérieures?

La réponse. Dieu ne peut pas aimer une seule œuvre d'art qui ne dirige pas l'âme vers Lui. Une telle œuvre doit être hautement spirituelle et avoir pour objectif d'indiquer le chemin menant l'âme à la Hiérarchie de Dieu. Toutes les autres œuvres se rapportent à divertir (vide) * ou à attirer les âmes dans le Monde Souterrain. Fondamentalement, les œuvres littéraires sont généralement considérées par les Supérieurs comme pédagogiques, contribuant au développement d'une personne, à l'élévation de son niveau de compétence. Les œuvres d'art apprennent aux écrivains à créer des intrigues de la vie humaine, en répétant sur papier ce qu'ils voient autour d'eux et en rendant la vie dans les livres plus ou moins intéressante. Ils apprennent à transférer ce qu'ils voient autour de (certains) supports spécifiques: les bas-reliefs en papier, en pierre et en plâtre, traduisent leurs idées en sculptures, dans des productions théâtrales, et maintenant sous la forme d'émissions de cinéma.

Pourquoi N.V. Gogol a-t-il brûlé le deuxième volume des "Âmes mortes"?

Le lecteur. Nikolai Vasilievich Gogol a brûlé le deuxième volume des "Âmes mortes", puis a dit à son ami le comte Alexander Tolstoi: "C'est ce que j'ai fait! Je voulais brûler l'inutile, mais j'ai tout brûlé. Comme rusé est fort - il m'a poussé vers lui! , il était, là j'ai compris beaucoup de pratique et déclaré ... " Les Essences négatives du plan subtil ont-elles vraiment inspiré Gogol à détruire ses nouvelles créations manuscrites? Y avait-il des pensées sages importantes de Dieu?

La réponse. Les pensées de Dieu ne peuvent pas être interdites, car Sa volonté doit être réalisée implicitement.

Gogol dans des "Âmes mortes" avait beaucoup d'informations sur la communication pratique avec le monde négatif, donc le Système positif a décidé d'interdire et de ne pas donner cette connaissance à des gens qui, en grande quantité, sont déjà sur la voie négative du développement.

Le lecteur. Les gens ont remarqué ce qui suit: lors de l'adaptation de "Vii", l'église où se déroulait la fusillade a brûlé. Et après l'adaptation de " Maîtres et Marguerite" de 2005, de nombreux acteurs célèbres qui ont participé au film sont morts subitement. Était-ce là les intrigues du Système Négatif?

La réponse. Oui, tout vient du Système Négatif.

Le lecteur. Gogol a-t-il délibérément pris contact avec des représentants de la Hiérarchie Noire ou pris accidentellement des idées d'eux sans le savoir?

La réponse. Il a inconsciemment perçu des informations

provenant de forces négatives. Il n'avait pas de contacts spéciaux.

Le lecteur. Gogol a eu une mort difficile, même s'il était un écrivain très intéressant. Ses historiens affirment que l'écrivain a été trouvé dans un cercueil qui ne se trouvait pas dans la position où il avait été placé à l'origine. Est-il possible de considérer que ce système négatif l'a arrangé de telle sorte que pour les informations qu'il en a reçues en écrivant ses œuvres mystiques, il a dû payer avec des moments désagréables de sa vie? Est-il possible de supposer que le Diable a pris une charge de lui pour le «service» de lui donner certaines de ses idées? Je voudrais savoir pourquoi il a été puni d'une mort aussi terrible: il est venu à la vie dans un cercueil, et il a dû mourir une deuxième fois?

La réponse. Il a été puni pour ces œuvres dans lesquelles il y a des mauvais esprits, ainsi que pour le deuxième volume des "Âmes mortes" brûlé. Après tout, les Supérieurs ont consacré son temps à la création d'une telle œuvre, ainsi qu'une certaine quantité d'énergie. Par conséquent, il a détruit non seulement son travail, mais aussi le Leur.

Le lecteur. Si Nikolai Vasilievich Gogol écrivait ses œuvres classiques, telles que "Wii" ou "Soirées dans une ferme près de Dikanka", dans une formulation légèrement différente, alors un Système négatif pourrait-il refuser de lui facturer des frais pour lui-même?

La réponse. Oui, je pourrais refuser. Il suffisait de modifier légèrement la forme de présentation et de supprimer certains détails de l'intrigue.

MIKHAIL BULGAKOV

Le lecteur. Le livre «Maître et Marguerite» de Mikhail Afanasevich Bulgakov contient-il également des informations sur le Système Négatif?

La réponse. Oui, ce travail contient partiellement des informations du Système négatif. Mais le négatif est donné en contraste avec le positif, de sorte que le lecteur apprenne à comprendre que pour chaque mauvaise action, il devra payer en Enfer. Ce livre est un avertissement aux pécheurs afin qu'une personne fasse moins de mauvaises choses, sachant qu'une punition sévère s'ensuivra.

Le lecteur. Mikhaïl Boulgakov devrait-il écrire le roman «Le maître et Marguerite» selon son programme, ou était-ce son expression créatrice de volonté?

La réponse. Pour Boulgakov, cela faisait partie du programme de la vie, car il était censé initier les gens de la forme artistique à l'existence du système négatif et à son travail avec l'humanité, que l'auteur a pu décrire parfaitement dans son travail.

Le lecteur. Les personnages du livre de Boulgakov "Le Maître et Marguerite" - Koroviev, l'Hippopotame ont de vrais prototypes sous eux-mêmes? Autrement dit, sur les ordres du Diable, ses Essences peuvent se matérialiser sous forme humaine parmi les gens sur Terre? Simplement, si possible, vous devez être attentif aux personnes que vous rencontrez, en particulier pendant notre période de transition.

La réponse. Oui, certaines Essences négatives des mondes inférieurs du Diable ont eu la possibilité de se matérialiser dans notre monde, et même les auteurs ont rencontré à plusieurs reprises de telles personnes matérialisées qui ont une apparence humaine tout au long de leur vie. Nos connaissances ont permis aux lecteurs individuels de reconnaître également les représentants matérialisés du système négatif parmi les personnes rencontrées. Des serviteurs bas et hauts du Hiérarque négatif peuvent se matérialiser.

Le lecteur. Mikhail Afanasevich Bulgakov a communiqué en direct avec les Essences, incarnées dans le monde terrestre de la Hiérarchie du Diable?

La réponse. Non seulement il a rencontré des âmes négatives, mais chaque individu positif interagit également régulièrement avec elles, car toute âme négative est l'Essence dans la Hiérarchie du Diable. Elles se rencontrent en chemin dans le rôle d'arnaqueurs, d'adversaires, de séducteurs, de voleurs, etc. Il peut s'agir de parents terrorisant des enfants et des conjoints positifs et, à l'inverse, de chefs despotes, opprimant des subordonnés. Il y a tout à fait négatif autour de tout le monde, il suffit de pouvoir les reconnaître par leur comportement. Mais il existe une autre option pour d'éventuelles rencontres avec les Essences du Diable matérialisées temporairement, apparaissant dans ce monde pendant un certain temps à des fins spécifiques, après quoi elles disparaissent immédiatement.

Mais Boulgakov a dicté l'intrigue principale du travail de son Déterminant. Dans le roman, l'écrivain lui-même a décrit la situation de sa propre vie. Surtout avec sa troisième épouse Elena Sergeevna. Quant aux héros négatifs et à leurs aventures, c'est du Déterminant, qui a raconté à son élève la véritable histoire de leur apparition dans notre monde physique, et Boulgakov a réussi à en faire les personnages principaux de son roman.

Le Déterminant de Boulgakov.

Le lecteur. Le Déterminant de Boulgakov était-il positif ou négatif?

La réponse. Son Déterminant provenait d'un Système Médical neutre, car Il devait donner des conseils professionnels à son élève sur le traitement des personnes, car M. Boulgakov travaillait comme médecin. Chaque Déterminant doit connaître les subtilités de la profession de son élève afin de le guider correctement dans la vie, en atteignant ce minimum d'erreurs. Le Déterminant, qui était dans le Système neutre, a en même temps donné les bons indices lors de l'écriture de ses livres, sachant comment les différents mondes se connectent.

Concernant le roman "Le Maître et Marguerite".

Le lecteur. Koroviev (le livre «Le maître et Marguerite»), autrement Baranov («À la recherche du tiers monde») est-il maintenant déjà dans le Système positif de Dieu?

La réponse. Oui, ses péchés étaient insignifiants, il a purgé sa peine temporairement, donc il a été renvoyé pour continuer son développement dans un Système positif.

Concernant le livre «À la recherche du tiers monde» et le roman de Boulgakov «Le maître et Marguerite».

Le lecteur. Maintenant que Judas Iscariot est sauvé par Jésus-Christ du Diable (du livre «À la recherche d'un tiers monde»), peut-on considérer qu'il a été traduit en existence éternelle ou qu'il doit encore passer par le Jugement Dernier?

La réponse. Judas a été sorti de l'Enfer, mais cela ne signifie pas qu'il a été transféré à l'existence éternelle. Toutes les âmes qui traversent les couches terrestres de l'Enfer sont nettoyées par leur propre souffrance des péchés et après cela, elles sont à nouveau incluses dans le système général de réincarnation sur la Terre. Dieu avait donc l'habitude de donner aux âmes une chance de poursuivre un développement positif. Par conséquent, comme cette chance a été utilisée par Judas, les Hauts Juges ne pourront voir que lors du Jugement Dernier. Ces âmes, qui sont finalement dérivées de l'évolution, vont au laboratoire du Soleil, où elles sont complètement purifiées jusqu'à la matrice primaire, avec la destruction de leur propre "Moi". Cela est déjà enregistré par des chercheurs de la NASA.

(Des photos ont été prises de la surface du Soleil avec de

nombreux visages humains, déformés par de terribles tourments, car le nettoyage des énergies accumulées pendant de nombreuses réincarnations et former le «Moi» personnel de la personne est très douloureux. Les Supérieurs considèrent cela comme la punition pour un développement incorrect, pour avoir refusé de suivre la voie divine.)*

Les écrivains sous la forme de mentors Célestes.

Le lecteur. Nous savons qu'en développant quelque chose de nouveau, le Déterminant personnel d'une personne aide: lors de l'écriture du même livre, il envoie à son élève l'idée d'une œuvre, aide à écrire des poèmes, des scripts pour des films et des performances. Les âmes des écrivains et des scientifiques décédés aident-elles les étudiants terrestres? Et quelle est leur aide à une telle personne du plan de la Terre proche?

La réponse. Tous les Déterminants ne possèdent pas les compétences d'un vénérable écrivain ou poète. Par conséquent, s'Il veut enseigner quelque chose de professionnel à son étudiant terrestre, y compris le développement d'une théorie scientifique, il engage pour une certaine somme d'énergie cet écrivain, poète ou scientifique qui a déjà déménagé dans le monde subtil, qui a une bonne réserve de connaissances et est capable de le transmettre. étudiant terrestre. C'est une sorte de tutorat.

Et ils participent simplement à sa formation: ils donnent des idées, aident à façonner l'intrigue, donnent les textes initiaux sous forme d'écriture automatique, bien que tous les étudiants ne puissent pas le remarquer. Habituellement, il croit que c'est son cerveau qui donne naissance à des flux mentaux qui reposent sur le papier. Par exemple, A.S. Pouchkine, en disant: "... et le stylo demande du papier ... une minute - et les versets couleront librement ...". Sa grand-mère Arina Rodionovna l'a aidé à composer et à faire rimer la poésie, mais le Maitre Céleste, qu'il ressentait bien grâce à son canal de communication avec lui. Mais cela ne signifie pas qu'un tel Maitre Céleste crée complètement des œuvres pour un étudiant terrestre. Il pose seulement le début, puis l'étudiant doit déjà former lui-même l'œuvre en imitant le style donné.

Les écrivains et les poètes d'un plan subtil peuvent périodiquement dicter à l'étudiant à qui ils sont assignés leurs propres textes spécifiques, définissant le style de l'écriture personnelle qu'ils ont acquise lors de leur incarnation sur la Terre. L'élève doit saisir ce style et continuer à écrire le travail d'une manière similaire, mais peut ensuite proposer le sien, car la formation va souvent de l'imitation de quelqu'un à sa création individuelle du travail et du style d'écriture.

Quant aux scientifiques, eux aussi, du plan subtil, peuvent sentir déployer l'idée envoyée à une personne sous forme de dictée. Ils auront une autre langue qui leur est propre, leur propre style. Tout est donné en partie, à titre d'exemple, puis l'individu est obligé de continuer à développer lui-même le sujet, en l'élargissant au maximum, ce qui est déjà lié au Niveau de compréhension de l'étudiant.

Tout spécialiste sur le plan subtil peut être impliqué par le Qualifier pour transférer à son élève des connaissances et des idées qui ne sont pas encore dépassées. Et dans le premier et dans le second cas, tout est transmis par télépathie. Lorsque l'étudiant a maîtrisé le style d'écriture ou continue de développer lui-même une idée, reçue d'un spécialiste du monde subtil, ce spécialiste retourne à son Niveau de Stockage de l'Âme et continue à y rester selon le programme du plan subtil, se développant dans d'autres qualités.

Cependant, de très bons spécialistes sont généralement impliqués dans des travaux pour l'ensemble de l'humanité, continuant à se développer dans leur profession dans le monde physique de la Terre. Ils développent certains sujets, théories et s'engagent dans la descente vers l'humanité afin d'augmenter le Niveau général de connaissance des personnes.

Mais ce fut le cas tout au long de la cinquième race. Avec le changement de race, il y aura également un changement dans les sujets d'étude, les sciences, les théories, de nombreux nouveaux sujets de développement apparaîtront, mais tout ne sera pas donné par d'anciens professionnels terrestres, mais par des Enseignants Supérieurs d'un Niveau de développement supérieur. Autrement dit, Ils commenceront à partager leurs connaissances Supérieures avec l'humanité, dont beaucoup n'ont jusqu'à présent aucune idée. Comme, par exemple, à l'heure actuelle, jusqu'à ce que nous transmettions la Nouvelle Connaissance à l'humanité, les gens n'avaient aucune idée de la structure et des propriétés de l'âme, de la possibilité de sa formation qualitative à volonté.

Les informations dans des livres du monde subtil.

Le lecteur. Pouvez-vous donner un exemple des œuvres littéraires d'écrivains classiques, dans lesquelles il y a des informations transmises par le monde subtil?

La réponse. Elena Blavatskaya a reçu des informations d'un plan subtil. Aussi V.I. Kryzhanovskaya-Rochester. Son livre en cinq volumes a été écrit sur la base de ses contacts avec le professeur Suprême Céleste.

L'écrivain Jonathan Swift, qui a écrit le livre "Île volante", fournit des informations sur les découvertes qui ont été faites seulement 300 ans plus tard. Ou prenez Dante Alighieri, qui a créé la "Divine Comédie". Il y a écrit sur ses propres voyages dans les mondes purificateurs de l'Enfer, que son Déterminant l'a aidé à réaliser.

Où Dante a-t-il obtenu des informations sur le Paradis et l'Enfer?

Le lecteur. Dante Alighieri était-il incarné sur la Terre en tant que contacteur avec le monde subtil de son temps? Comme l'Enfer de la Terre lui a été montré, qu'il a décrit dans la "Divine Comédie": est-il tombé en transe et a-t-il vu certaines visions envoyées d'En Haut? Ou est-ce que son âme descendait dans le monde inférieur dans la coquille astrale? Qui l'a contacté: «Union» ou son Déterminant? A-t-il vraiment vu Lucifer là-bas?

La réponse. Oui, Dante était un contacté de son temps. Sa tâche était de transmettre aux gens que l'Enfer et le Paradis existent. Il est également monté dans les sphères célestes vers son bien-aimé décédé. Il a visité les deux dans le corps astral. Tout ce qu'il a décrit était réel, comme dans le livre «À la recherche d'un tiers monde» de D.E. Seklitova. Si l'âme d'une personne peut voler en Enfer et au Paradis, cela signifie qu'elle appartient à un Système neutre.

Son Déterminant est entré en contact avec Dante, car lui, Dante, est un contacté ordinaire. L'«Union» est de Niveau beaucoup plus élevé et ne communique qu'avec les missionnaires.

Castaneda est bon ou mauvais?

Le lecteur. L'écrivain Castaneda - est-ce bien ou mal? Et que signifie vraiment le cercle chamanique lorsque l'énergie est dispersée dans un cercle, s'agit-il d'une énergie négative ou positive?

La réponse. Tout cela est une percée dans le monde subtil au-delà de la perception humaine, donc chacun d'eux: l'écrivain et le cercle chamanique - donne aux gens une certaine connaissance de leurs

Niveaux. Les informations reçues par l'écrivain et le chaman, transmises aux gens, sont nécessaires à l'intégration dans un système commun de connaissances, défini par les Niveaux.

Fondamentalement, la connaissance est neutre, mais elle portera le bien ou le mal, dépend des intentions des personnes qui les utilisent.

Dans le cercle des chamans, énergies mixtes des personnes participant à ce travail rituel. Il y a un échange d'énergies entre les participants. Mais s'il y a des personnes malades dans ce cercle, alors une personne à faible potentiel peut intercepter sa maladie sur elle-même. Ensuite, l'un se rétablira et l'autre tombera malade. Mais, de qui la maladie sera expulsée, elle ressentira immédiatement un soulagement; et quiconque est infecté ne peut le ressentir qu'après un certain temps. Cependant, un chaman compétent peut vider la maladie de l'animal.

La signification cosmique du conte "A propos de sœur Alyonushka et de frère Ivanushka".

Le lecteur. Vos livres parlent de la signification cosmique cachée des contes de fées et donnent des exemples. Et dans les contes de fées sur l'oiseau de feu, sœur Alyonushka et frère Ivanushka, cela a-t-il une signification particulière?

La réponse. Chaque conte contient non seulement une signification cosmique, mais aussi beaucoup de sagesse mondaine. Par exemple, dans un conte de fées sur la sœur Alyonushka et le frère Ivanushka, il est dit que les mineurs qui développent leur âme doivent développer en eux-mêmes les qualités d'obéissance. Tout ne peut pas être bu à une personne, donc l'alcool, en effet, transforme beaucoup d'hommes, pour le moins, en «chèvres». C'est un avertissement que les gens de certaines boissons peuvent perdre leur apparence humaine.

Mais les gens ne sont pas obéissants et ont franchi la ligne, autorisés à boire non seulement des hommes mais aussi des femmes, descendant à l'état animal.

Le conte de fées parle également de la lutte entre le bien et le mal, c'est-à-dire l'existence de bonnes et de mauvaises personnes. Les mauvais chercheront à détruire les jeunes bonnes âmes (à noyer Alyonushka), et les bonnes âmes à l'image de son fiancé se battront pour leur salut. Ce conte enseigne la vigilance d'une personne.

Le conte de l'Oiseau de Feu nous dit qu'il existe des mondes parallèles d'un Niveau plus élevé que la terre, par conséquent, la plume étrangère de l'Oiseau de Feu dans notre monde bas, sombre et rugueux de matière physique brille de manière éclatante. Tout ce qui vient du monde supérieur apporte de la lumière. Les oiseaux exotiques eux-mêmes viennent d'un monde parallèle. De tels oiseaux, en effet, existent et ont déjà été photographiés par notre photographe terrestre.

Les poètes voyants.

De nombreux poètes ont pu prédire des moments individuels de leur vie. A.S. Pouchkine, par exemple, prévoyait que le destin offrirait des choix de mort à une personne.Par conséquent, dans le poème «Réclamations des voyageurs», il écrit «... je vais attraper la peste, je vais geler, je vais me faire frapper au front par une personne handicapée ...» et etc., essayant de deviner la version de sa fin de vie, qui un jour il viendra. C'est-à-dire que son âme s'est souvenue de la présence de la réincarnation et du fait qu'une personne a des options pour la vie et, par conséquent, des options pour la mort.

Par exemple, il a également prévu l'apparition dans ce monde de la nouvelle mère du Second Christ. Dans son poème "Qui connaît la terre où le ciel brille ...", à la toute fin, il donne à l'artiste les conseils suivants:

"Où es-tu le sculpteur sans nom
Déesse de la beauté éternelle? ...
Oubliez la jeune juive
Berceau de Dieu-bébé
Comprendre le charme surnaturel,
Comprendre la joie au paradis
Écrivez-nous Marie différemment
Avec un autre bébé dans ses bras. "

N'est-ce pas une prémonition qu'à la fin du 20-ème siècle apparaîtront des gens qui commenceront à contacter Dieu Lui-même et Il les appellera la Seconde Venue, et le livre "Lois de l'Univers" donné par L. Seklitova en témoignera. Ceci est une nouvelle Bible, que le voyant bulgare Vanga a appelé la «Bible Ardente».

Igor Talkov a prévu sa résurrection dans la nouvelle Russie, plus précisément, lors de la sixième course. "... Je sais que je ne retournerai pas au pays des imbéciles, mais des génies ...". Et dans la sixième race, par rapport à l'homme moderne de la cinquième race, tous les gens ressembleront à des génies, car ils auront des capacités paranormales. Et une confirmation de cela est l'apparition d'enfants étonnants avec des capacités supranormales déjà sur les écrans de télévision qui peuvent manipuler diverses opérations numériques: augmenter les nombres à quatre et cinq chiffres dans une certaine mesure, extraire les racines des nombres à huit et dix chiffres; capable de se souvenir d'une chaîne de nombres à six chiffres et d'effectuer en même temps tout type d'exercices sportifs. Déjà en trois ans, certains connaissent bien les noms des principales étoiles dans différentes constellations, tandis que d'autres peuvent librement nommer n'importe quelle capitale du monde dans les pays modernes et déterminer le pays auquel elle appartient par la couleur du drapeau. N'est-ce pas ces petits génies? Ils sont déjà apparus comme preuve que Talkov avait raison et savait prévoir l'avenir.

Et Lermontov a écrit ce qui suit au sujet de la Haute Cour: «Il y a une Haute Cour, les confidents de la débauche. Il n'est pas soudoyé par l'anneau d'or, et il connaît à l'avance les pensées et les actes ... » Comment peut-il, qui vivait au début du XIXe siècle et ne lisait pas nos livres ésotériques, savoir de quoi nous parlions au début du XXIe siècle? N'est-ce pas parce que la vérité existe, indépendamment de nous, mais nous ne la reflétons dans notre enseignement que pour ceux qui sont prêts à l'accepter.

Les lecteurs qui connaissent bien nos informations, après avoir lu ces lignes du poème de Mikhail Lermontov, comprendront que chaque mot du poète en eux porte la vérité qui se reflète pleinement dans nos livres. Et nous ajoutons à ces lignes du poète les paroles de Dieu lui-même, qui a dit: "Le jugement sera strict, mais juste."

150 ans après la mort de Lermontov, Dieu est apparu sur Terre et a confirmé que chaque personne attend la «Cour suprême», celle à propos de laquelle Mikhail Lermontov a écrit. En fait, à cet égard, le poète a agi comme un messager du Jour du Jugement Dernier sur la Terre. Dans nos livres, nous avons non seulement confirmé que la Cour sera et qu'elle ne sera pas soudoyée, et donc, selon la Loi de Causalité, chacun recevra ce qu'il mérite pour ses actes.

Lermontov savait également que les Personnalités Supérieures "... et les pensées et les actes ..." tout le monde le sait à l'avance, c'est-à-dire jusqu'à l'heure du Jugement, car toutes les actions d'une personne se reflètent dans l'ordinateur de son Maître Céleste qui mène à travers la vie. Et lorsque le crime est commis, tout cela est enregistré sur la «bande de vie» d'une personne, et dans l'ordinateur de son Déterminant.

Une personne n'est pas en mesure de cacher ses pensées, ses actes, ses crimes et tout le reste, car tout cela est stocké dans les hologrammes de son être, et les programmes incluent des options pour des événements possibles, parmi lesquels une personne choisit généralement ce qui est le plus facile à exécuter, ce qui est le plus bénéfique pour lui plus agréable.

Le programme vous permet d'effectuer diverses actions au choix, et chacun préférera ce à quoi son âme est plus encline. Beaucoup commettent des crimes, pensant que personne ne les connaîtra, mais dès que l'action est terminée, tout est immédiatement reflété en trois volets: dans les hologrammes du passé, sur la «bande de vie» personnelle de la personne et dans son Déterminant, de sorte que, même devant la Cour, les Juges Suprêmes deviennent toutes les actions humaines sont connues.

La Cour suprême «n'est pas soudoyée par l'anneau d'or» car aucune valeur matérielle ne peut aller au ciel, à l'exception des valeurs spirituelles, que l'individu a accumulées dans son âme. De plus, la morale même des Juges Suprêmes ne leur permettra pas d'être corrompus par de «l'or». Ils n'en ont pas besoin, mais de belles âmes. Par conséquent, le poète prévient qu'au seuil de la Cour Suprême, une personne devrait reconsidérer ses valeurs spirituelles.

Les lignes examinées par Lermontov indiquent que son âme s'est souvenue de ce qui lui est arrivé après sa mort et, de plus, à plusieurs reprises. L'âme du poète était apparemment si impressionnante qu'elle a conservé la mémoire de la Cour Suprême dans sa prochaine incarnation.

LA RÉINCARNATION DE DEUX POÈTES
Pouchkine et Lermontov seront-ils incarnés.

Le lecteur. Ces âmes se réincarnent-elles, par exemple, les âmes des poètes russes A.S. Pouchkine et M.Yu. Lermontov immédiatement après leur activité poétique au XVIIIe siècle à l'heure actuelle, ou plutôt à la 6e race?

La réponse. Après leurs réincarnations passées, dans lesquelles ils ont maîtrisé la poésie, ils devront acquérir plusieurs autres professions avant de décider de les transférer à la 6e race. Par une incarnation, ils sont déjà passés. Pouchkine, par exemple, est déjà incarné au présent et gagne l'énergie dont il a besoin. (Il s'agit de sa deuxième réincarnation après celle où il s'est glorifié en tant que poète). Ses compétences créatives passées dans la nouvelle race ne suffisent pas à se réaliser correctement dans une société plus avancée.

De plus, Lermontov devra toujours récupérer l'énergie manquante.

Pourquoi avons-nous besoin de poésie et d'écriture dans une société où la communication se fera par télépathie à l'avenir. Par conséquent, ils devront acquérir un peu plus de connaissances et de compétences.

Toutes les formes d'art modernes de l'ancien échantillon passeront à de nouvelles formes à un niveau de développement différent. Une réflexion parallèle apparaîtra, qui nécessitera des formes de créativité plus complexes. Et pour cela il faudra accumuler une certaine quantité d'énergie.

OÙ PASSERA TCHAÏKOVSKI

Dans l'un des livres, il est écrit que Tchaïkovski a beaucoup marqué dans certaines unités. (unités conventionnelles d'énergie = uce) * et cela signifie qu'il ne sera plus incarné sur la Terre, ou qu'il le sera, mais 1 fois. Mais s'il gagne 500 uce, il ne se réincarnera plus. Autrement dit, il dit ici qu'il est prêt pour le passage à la 6e race ou à la hiérarchie Divine? Comment a-t-il pu accumuler autant d'énergie qu'il était prêt pour la transition, mais la transition se fera après la 7e race?

La réponse. Sur la Terre à la fin de la cinquième race se trouvent les âmes de différents Niveaux de développement. Et certains d'entre eux ont réussi dans leur développement toutes les races existantes. Chaque personne doit accumuler une telle énergie potentielle de l'âme, ce qui est nécessaire pour la 6e race. De nombreuses âmes qui ont passé les 1ère, 2ème, 3ème, 4ème et 5ème races ont accumulé un potentiel énergétique suffisamment important, leur permettant de passer à la sixième race suivante.

L'énergie de Tchaïkovski ne lui permet d'aller qu'à la 6e race suivante, mais pas au premier Niveau de la Hiérarchie de Dieu. Il lui reste à parcourir les 6e et 7e races. Et l'ampleur de l'énergie de son âme est conditionnelle, car la science n'a pas encore créé une échelle précise pour mesurer l'énergie subtile de l'âme humaine, son potentiel. Cependant, la valeur conditionnelle de l'énergie de son âme est toujours donnée, ne serait-ce que pour que vous puissiez poser cette question, sachant déjà que la transition vers chaque stade supérieur de développement nécessite que l'âme développe une certaine quantité d'indicateurs énergétiques et le passage conditionnel de certains Niveaux ou races.

Comment écrire des films.

Le lecteur. Dans une réponse sur le site, vous avez écrit: «Si une personne décrit toute la bassesse et la saleté, alors un tel travail évoque chez les gens de faibles passions et des sentiments sales. ... et qu'un tel écrivain contribue à la dégradation humaine. "

Les motifs de la question. Nous travaillons actuellement sur un script pour un long métrage. Le temps de l'action est la fin du 19e siècle - le début du 20e siècle. Tous les personnages du film ont un faible niveau de conscience. La base de l'histoire est l'ignorance sous toutes ses formes. En d'autres termes: nous nous éloignons de la règle: un héros positif et négatif, que le public comprendra à un niveau de conscience moyen et élevé. En fait, le spectateur (prévu) est invité à dessiner un parallèle des événements, les personnages du film avec sa pièce d'aujourd'hui - ma vraie vie terrestre (c'est-à-dire avec ma vie d'aujourd'hui), poser une question et comprendre qu'après plus de 100 ans il préfère souvent encore le matériel au spirituel, pour s'approcher à la question de repenser les valeurs de la vie terrestre.

Question: Je voudrais savoir: si l'objectif du film n'est pas atteint, alors contribuerons-nous à ce travail de dégradation humaine?

La réponse. Un héros positif devrait toujours être présent dans le film, ce qui permet immédiatement au spectateur de comparer la différence dans les actions et la pensée de ce héros de faible masse, tirant les bonnes conclusions en sa faveur. C'est-à-dire que le film doit contenir l'idéal que toute faible masse est obligée de rechercher. Un téléspectateur distant n'est pas en mesure de faire cette comparaison, car au présent il peut y avoir plus de négatif que par le passé. Les comparaisons du bien et du mal doivent appartenir au même Niveau de développement, car les comparaisons à plusieurs niveaux sont similaires à celles d'un sauvage et d'un civilisé.

Habituellement, les réalisateurs, ne comprenant pas la vie de la société passée, retirent les événements privés des unités individuelles comme inhérents à la société entière, ce qui est faux. Chaque moment est intrinsèquement mauvais et bon, donc, montrant quelque chose d'un côté, le réalisateur déforme la vérité en forçant le spectateur à ne regarder qu'un seul passé: soit que tout était bien avant, soit que tout était mauvais. Il convient de garder à l'esprit que le spectateur moderne n'aime pas penser, il perçoit tout film comme un divertissement, et donc toute bassesse du passé sera poursuivie pour le moment, contribuant à la dégradation de la société. Cela ne devrait pas être.

Les films d'horreur – les réalisateurs et les écrivains.

Ici, nous abordons également des questions sur le cinéma et la création de longs métrages. Autrement dit, un film est un livre ressuscité, car pour tout film un script est d'abord écrit sur papier. Et comme la philosophie complexe est généralement retirée des films, et pour le spectateur, il ne reste que la sphère quotidienne et sociale de la vie d'une personne, le reste est plus intéressant que la lecture d'un livre, lorsque chaque lecteur reste avec son niveau de compréhension, et ce «niveau» montre souvent ce n'est pas comme un fantasme plus développé d'un réalisateur spécialisé. Mais dans ce cas, le spectateur inexpérimenté est complètement influencé par les concepts du réalisateur.

Le lecteur. Vous écrivez que la littérature liée au genre d'horreur vient du système négatif. Les scénaristes qui créent leurs œuvres dans cette direction (comme les réalisateurs et les scénaristes) sont-ils les gens du Diable?

La réponse. Tous les scénaristes, réalisateurs qui créent des films et des livres sur des thèmes d'horreur n'appartiennent pas au Système négatif. De nombreux scénaristes et écrivains appartiennent au niveau intermédiaire de développement et ne comprennent pas comment leurs œuvres affectent les jeunes âmes. Souvent, le seul but de ces «créateurs» est le gain matériel et la poursuite de la gloire, et non une idée noble pour combattre le négatif de la vie. Ils appartiennent au Système positif jusqu'à ce que leur partie négative de l'âme l'emporte sur la partie positive d'une certaine quantité. La question de leur transfert permanent dans la hiérarchie du Diable sera alors déjà envisagée.

Où les auteurs obtiennent-ils des informations pour les films d'horreur?

Le lecteur. Les scénaristes de films d'horreur et les écrivains du même genre obtiennent des informations sur l'état réel des choses à partir de leurs clés, que les gens considèrent comme de la fiction, mais que se passe-t-il dans d'autres mondes, ou leur mysticisme n'est-il vraiment qu'une terrible fiction?

La réponse. Les idées de films d'horreur viennent des mondes inférieurs. Dans nos livres, il est écrit qu'il y a des gens (positifs) qui ont une connexion d'en Haut et qu'il y a des gens qui sont connectés par le bas (négatif). Ils tirent simplement leurs idées de l'endroit où ils sont connectés. Comme les Supérieurs nous l'ont dit: «L'homme lui-même n'est pas capable d'inventer quoi que ce soit. Les Déterminants lui envoient tout, car Ils connaissent la vie dans d'autres mondes.» Il est impossible de décrire ce que je n'ai jamais vu.

A titre d'exemple, les mondes décrits dans les romans de R.R.Tolkien "Le Seigneur des Anneaux" et autres. Cet écrivain a clairement un lien avec l'un des mondes parallèles bas de la Terre. Par conséquent, le mysticisme des écrivains de ce genre n'est en grande partie pas de la fiction. Il est basé en partie sur des événements réels de ces mondes.

Un homme regarde des films qui résonnent avec son âme

Le lecteur. Pourquoi les gens peuvent tirer des films soviétiques. Vous regardez les temps modernes et cela suffit, mais vous regardez les temps soviétiques plusieurs fois - par exemple, «L'ironie du Destin» ou «L'opération Y».

La réponse. Les énergies de ces films résonnent avec les énergies de l'âme humaine. Chaque spectateur choisit les lunettes qui correspondent aux énergies acquises précédemment. Si une personne a accumulé de nombreuses énergies négatives dans le passé, elle sera attirée par des thèmes spectaculaires bas. Et si c'est une âme haute, alors, en conséquence, les films positifs l'attireront, et tout ce qui est bas sera repoussé par elle et provoquera du mécontentement. Selon les intérêts d'une personne, on peut partiellement juger du Niveau de son développement et de son appartenance à un Système positif ou négatif.

Les âmes de qui sont maintenant dans les corps des chefs d'État actuels?

Le lecteur. Tout au long de notre histoire, il y a eu beaucoup de rois. Qui sont leurs âmes infusées, où sont-elles?

Se pourrait-il que dans les corps des chefs d'État actuels, les âmes des anciens rois soient infusées? Par exemple, certains Louis IV ou Yaroslav le Sage?

La réponse. Oui, cela est possible, car les âmes doivent se développer dans leurs principales qualités dans les nouvelles conditions conformément aux exigences du développement de la civilisation et amener à la perfection toutes les qualités précédemment accumulées. Par conséquent, si une personne a commencé à acquérir une certaine compétence en remplissant une certaine cellule de sa matrice, elle le veut ou non, et dans le processus de réincarnation, elle devra affiner cette compétence à l'automatisme et ainsi remplir la cellule à un état absolu avec des énergies correspondant à cette qualité. Par conséquent, pour que ce processus ne s'étende pas sur des dizaines d'incarnations, il n'est pas nécessaire de commencer à faire face à ce à quoi l'âme ne "ment" pas. Améliorez vos cellules pour des activités inspirantes. Quant au nom des noms spécifiques des âmes, les Supérieurs ne traitent généralement pas de telles statistiques. Ils n'en ont pas besoin. Cependant, pour un tel suivi de l'orientation qualitative principale du développement de l'âme, il existe des départements spéciaux. Ils sont associés aux départements impliqués dans l'incarnation des âmes sur la Terre, leurs programmes, l'élaboration du karma et d'autres. Nous ne sommes pas connectés avec eux et cette question ne nous intéresse pas non plus, car la chose générale qui est utilisée pour développer la personnalité est importante, et non les petites spécificités, que la personne elle-même exécute souvent mal.

LES TRAVAILLEURS POLITIQUES. HITLER. L'OPTION DE VICTOIRE D'HITLER PENDANT LA GUERRE

Le lecteur. Si vous le pouvez, dites-moi: y avait-il une telle option pour le développement de l'humanité lorsque Hitler a gagné la Seconde Guerre mondiale et que le régime fasciste a été établi sur la Terre pendant un certain temps? Ou cela a été exclu au départ?

La réponse. Il n'y avait pas une telle option, et les capacités d'Hitler et de son armée sur le territoire de la Russie étaient contrôlées par des navires étrangers, donc pendant les batailles cruciales, leurs navires ont été vus dans le ciel et, en particulier, pendant la bataille de Stalingrad. Le programme de développement des événements de la Seconde Guerre mondiale et le programme de notre pays n'ont pas permis les victoires d'Hitler en Russie.

Les médecins de l'époque du fascisme nazi.

Le lecteur. Y a-t-il des médecins parmi les âmes de l'époque du fascisme nazi qui ont organisé des expériences criminelles sur des personnes, comme celles qui ont été prises dans la partie négative du système médical?

La réponse. Parmi eux, nombreux étaient ceux pour qui la pratique médicale était la première ou la deuxième de leur réincarnation. Ils n'appartenaient pas au système médical, mais recevaient l'expérience nécessaire des médecins terrestres, et après avoir rempli leur rôle pendant la Seconde Guerre mondiale, ils ont été emmenés dans la Hiérarchie du Diable. Tous les médecins modernes n'ont pas la possibilité d'entrer dans le Système Médical. Cela nécessite une répétition de la pratique médicale sur un certain nombre d'incarnations et l'acquisition de qualités globales dans cette spécialité. De plus, l'âme d'un guérisseur ou d'un médecin doit réussir certains examens auprès des représentants Supérieurs du Système Médical. Et ce n'est qu'après cela (avec leur évaluation positive) qu'il peut entrer dans la hiérarchie du système médical.

Le lecteur. Pourquoi Hitler est né en Allemagne. Est-ce que cela a quelque chose à voir avec le karma de la nation allemande?

La réponse. Cela est dû au karma du pays et au programme d'Hitler, le guidant sur la voie du développement négatif. C'était aussi un test pour d'autres pays pour la capacité de s'unir pour affronter les forces de l'ennemi. Notre pays a également passé les tests les plus difficiles, ce qui l'a aidé à élever sa spiritualité à travers la souffrance du peuple.

La créativité d'Hitler, des négatifs.

Le lecteur. Dites-moi, s'il vous plaît: le peuple allemand pourrait-il choisir non pas Hitler, mais un autre candidat à ce poste d'État à la tête de son pays?

La réponse. Le choix d'Hitler était le résultat du programme difficile de leur peuple.

Le lecteur. Si une personne est dans la hiérarchie du diable, alors elle est privée de la qualité de la créativité abstraite, de l'amour, de la pitié et d'autres qualités positives, mais prenons le même Hitler. Après tout, il est du côté du Mal, mais il a su créer: il a peint, créé un livre, il aimait son chien, probablement les femmes.

La question. Je ne peux pas comprendre comment tout cela, par exemple, s'est avéré pour lui.

Et pourtant, si je prends mon entourage, c'est un peu comme si je n'avais rencontré aucune personnalité négative, tout le monde fait quelque chose, il y a une sorte d'activité, un hobby. Et dans vos livres, il est dit que jusqu'à 40% des individus négatifs vivent avec des programmes robotiques. Ou je ne peux pas les distinguer du positif, ou y a-t-il une autre raison?

La réponse. Nous avons répondu à plusieurs reprises à cette question, mais nous la répéterons. La créativité du négatif peut également être programmée si elle poursuit certains objectifs, tels que: corrompre les individus créés avec le travail d'individus positifs, attirer les individus positifs du côté négatif avec l'aide de leur créativité, pomper l'énergie du positif par le biais de "créations" négatives. Le Diable peut programmer absolument tout sauf le processus de spiritualisation, c'est pourquoi il dépend de Dieu. Tout a ses objectifs.

Avec l'aide des mathématiques, vous pouvez calculer n'importe quoi, même la force maximale et minimale des sentiments de toute personne. Le Diable est un grand mathématicien, donc, ce qu'il ne peut pas recevoir à travers les pouvoirs de l'amour et de la spiritualisation, il le reçoit sur la base de calculs. Par conséquent, pour Son peuple sur la Terre, Il calcule tout, y compris la pensée qu'ils doivent réaliser dans la vie terrestre. Autrement dit, ils penseront toujours ce qui est intégré dans leur programme de vie et pas plus. Ils n'ont pas d'amour, mais d'affection pour ces personnes (femmes, chiens et autres animaux) qui sont incluses dans leur programme dans le but de les déguiser en individus positifs. Leur amour est maniaque, c'est-à-dire qu'ils ne ressentent pas de vrais sentiments d'amour, mais ils ont un fort attachement à leurs objets selon leur programme robotique. Ils ne peuvent rompre le lien avec leur objet d'amour que lorsqu'ils abordent la situation enregistrée par des programmeurs négatifs. Un attachement similaire aux objets de destruction a des maniaques, dans lesquels il est écrit dans le programme pour tuer plusieurs personnes. Ils ne peuvent pas expliquer pourquoi ils tuent telle ou telle personne sans raison. Ils ne connaissent qu'un attachement irrésistible à la future victime et le poursuivent donc jusqu'à ce qu'ils soient détruits. Ce sont des actions robotiques.

Si vous touchez le sentiment de pitié, alors ils sont remplacés par l'intérêt personnel, c'est-à-dire qu'ils commencent à aider une personne non par pitié désintéressée, mais dans le but, puis d'utiliser cette personne à ses propres fins. Il existe de nombreux autres sentiments dans lesquels les personnes effectuant certaines actions ont une base différente, l'une positive, l'autre négative, par exemple, la charité. Certains y participent, éprouvent une véritable compassion et un désir d'aider une personne, tandis que d'autres se cachent derrière la charité afin que d'autres puissent se forger une opinion sur leur positivité exceptionnelle. Cela permet au trompeur d'être populaire et d'être sa propre personne parmi les personnes positives, et vous permet également d'enfreindre les lois en toute impunité et de travailler pour vous-même, et pas pour les autres, en utilisant la confiance des personnes positives naïves.

Le Diable calcule absolument tous les sentiments qu'une personne devrait ressentir dans une situation de vie particulière, et, de plus, il n'y a rien de plus facile - calculer l'occupation par toute créativité pour sa personne afin de la déguiser, pour l'aider à se frotter en faisant confiance au peuple de Dieu. Mais alors, cette personne, entrant dans le bon environnement créatif, commencera à le décomposer, à corrompre, à construire des intrigues, que nous voyons maintenant dans de nombreux collectifs. Le peuple du Diable se cache pour le moment, puis commence à se manifester par des actions, des pensées, des sentiments négatifs. Vous pouvez toujours les attraper sur quelque chose si vous les regardez attentivement.

Le rôle du Gagnant.

Le lecteur. Lorsque vous étudiez l'histoire, vous pouvez faire attention aux points intéressants. La guerre avec Napoléon de 1812. De nombreux pays ont été conquis par la France à cette époque. Mais dans la bataille avec la Russie, ils ont perdu. La Seconde Guerre mondiale. L'Allemagne fasciste a réduit en esclavage de nombreux pays, mais a perdu contre la Russie. Pourquoi notre pays se voit-il attribuer le rôle d'un Gagnant?

La réponse. Notre pays se voit attribuer le rôle d'un vainqueur pour la raison qu'il y a 200 ans, les Supérieurs préparaient un projet de descente en Russie d'envoyés et de plusieurs dizaines d'autres hautes âmes pour la mise en œuvre du Grand Projet de Dieu et la décision que la renaissance spirituelle de l'humanité devrait commencer avec la Russie, qui était censée délivrer à Dieu la meilleure spiritualité de qualité des âmes strictement dans un certain nombre d'entre elles. Pour cette raison, tous les événements en Europe et dans notre pays ont été construits de manière à remplir cette tâche principale pour le Supérieur - la fourniture d'âmes de haute qualité à la Hiérarchie de Dieu.

Et maintenant, tous les événements qui se déroulent sur notre Terre sont subordonnés à cette tâche principale. Dans le livre "Les lois de l'Univers ou les fondements de l'existence de la Hiérarchie divine", cette tâche importante pour le supérieur et Dieu est écrite comme suit (prenez directement quelques paragraphes de ce livre qui parlent de la grande mission de la Russie à cet égard):

*"En lien avec le début d'une nouvelle ère et la transition de la Terre et de l'humanité vers un stade de développement supérieur, la planète entière subit d'énormes transformations: la face de la Terre change à travers les catastrophes et les cataclysmes, tous les continents vont se métamorphoser, la superficie des masses d'eau augmentera, le paysage changera, les conditions climatiques changeront, la flore et la faune. Et tout cela est une préparation pour le logement d'une nouvelle, sixième race d'humanité, la création d'un environnement de vie approprié pour elle. Ce qui ressemble à des catastrophes pour les gens est une forme de restructuration des continents. Après plusieurs milliers d'années, un seul continent (**la partie européenne de la Russie**) restera sur la Terre.*

La nouvelle sixième race, appelée "or", élèvera l'honneur et la dignité d'une personne à un niveau supérieur, *ayant accompli les tâches que la cinquième civilisation n'a pas remplies,* ***fera une percée énergétique dans le développement,*** *augmentant le potentiel énergétique de la personne au niveau approprié, enrichissant les masses d'eau de la terre avec de l'énergie et justifiant son nom de la race "d'or" associée à l'augmentation de l'énergie de chaque personne.*

*«**Les lois de l'Univers,** ou les fondements de l'existence hiérarchique, jettent les bases d'une nouvelle religion - l'Unité. Ils aideront à combiner la science, la philosophie et la religion en tant que parties d'un même ensemble, étant le chaînon manquant dans la chaîne du développement général de l'humanité, créant une synthèse de*

nouvelles connaissances.

Dieu est unique pour la Terre. Il a créé diverses religions pour les peuples, dans le but de former différents mécanismes pour la production de certains types d'énergies pour les systèmes spatiaux. Chaque nation crée son propre type d'énergie pour la base énergétique générale de Dieu, créant des couleurs distinctes dans un seul arc-en-ciel. Tout comme un arc-en-ciel ne peut pas être composé d'une seule couleur, car dans ce cas, sa signification est perdue (son essence principale est multicolore), ainsi différentes nations auraient dû créer la même palette diversifiée dans les types d'énergies produites jusqu'en 2000."

Et voici ce que les Supérieurs écrivent sur le principal objectif pour lequel notre Terre et notre humanité ont été créées:

«La nouvelle sixième race représentera une nation. Tous les meilleurs fils et filles de la Terre, quelle que soit leur foi passée, rejoindront ses rangs, formant la base de l'avenir de l'humanité, c'est-à-dire que leurs âmes dans les nouveaux coquilles physiques formeront la race «Dorée» et adoreront le Dieu Unique, uni par l'amour et de nouvelles connaissances supérieures.Sur cette base fondamentale, l'Unité naîtra ...

TRÈS IMPORTANT pour l'humanité de la 6ème race:

«La terre et l'humanité subiront des transformations fondamentales au cours des calculs ultérieurs. Il y aura un processus de transmutation complète de l'humanité et de la planète. Ce processus entraînera un changement dans les vues du plan moral et éthique, de la mentalité, des attitudes et de tout ce qui entoure une personne et qui est dans la personne (ce sont aussi des mondes et des corps «subtils»).

Le processus même de renaissance complexe et longue conduit à la nécessité d'une nouvelle vie, <u>le point d'appui dans lequel le Nouvel Enseignement sera le peuple, car sans lui il n'y aura ni but ni connaissance de Dieu et de son opposé - le Diable.</u>

La Nouvelle Doctrine ne sera plus présentée dans une version de conte de fées, comme la Bible, mais dans le véritable original des réalités existantes qui se révèlent au peuple de Dieu comme une Grande Personnalité à Haut Potentiel ... "

Et le plus important - pourquoi les Supérieurs font-ils tout cela, que veulent-Ils recevoir à la suite de toutes leurs transformations?

«... Nous donnons aux nouvelles personnes qui découvrent la

sixième course, et à leurs électeurs ultérieurs, des informations plus parfaites qui les dirigeront vers leur objectif ultime à ce stade des deux prochains millénaires.

En comprenant ce but ultime, une nouvelle transmutation de l'humanité a lieu et, après avoir atteint une certaine phase de développement, nous envoyons à nouveau les dernières connaissances qui mènent plus loin vers le but ultime, mais à un stade différent d'amélioration. Et cela se produira jusqu'à ce qu'une personne passe toutes les étapes du développement sur la Terre ...

Après cela, Nous vérifierons et déciderons si notre expérience sur la Terre a réussi, et quelles âmes Nous avons finalement.

Notre expérience consiste dans le développement de l'Amour pour tous et par-dessus tout.

L'amour universel sera la clé de la compréhension et de la soumission mutuelles.

La soumission basée sur le respect et l'amour est un signe de la maturité évolutive de l'âme et de sa conscience supérieure.

Le respect de chacun sera atteint par des sentiments exaltés et une moralité supérieure, que Nous vous enverrons dans les dernières connaissances ...

La morale est les nouvelles lois par lesquelles la société doit construire en elle-même un autre objectif de développement et s'efforcer d'atteindre cet objectif, car sans but - et sans vie - ni vie ni mort - pas mort. "

**(Le livre "Les lois de l'Univers, ou les fondements de l'existence de la Hiérarchie Divine",
les auteurs L.A. Seklitova, L.L. Strelnikova)**

Si sublimement Ils terminent leurs explications de ces expériences et des transformations constantes de la vie sur notre planète.

Et nous devons réfléchir sérieusement à leurs derniers mots, à leur désir de créer des relations si élevées de la part de personnes qui ne seront pas basées sur la peur les uns des autres, mais sur l'amour et le respect. Ainsi, les relations doivent être établies à la fois dans la famille et au travail entre les supérieurs et les subordonnés, entre les collègues - toutes les relations ne doivent pas être basées sur la peur et le mépris ou l'envie, pas sur l'agression et la soif de devancer quelqu'un pour le compte de l'argent, de la renommée, de la prime, mais pour le plaisir, les sentiments humains, et c'est une relation complètement nouvelle qui engendre dans les âmes le désir de tout ce qui est élevé, noble, exalté, que l'humanité n'a jamais vécu et n'a pas formé la base de ses interactions avec d'autres personnes et d'autres formes de vie. **C'est ce que ses Enseignants Supérieurs recherchent de l'homme.**

Ils passent des milliers d'années et d'énormes quantités d'énergie pour transformer l'âme d'un ancien sauvage en l'âme d'une personne digne avec une conscience élevée et un énorme sentiment d'amour dans leur cœur.

* * *

CHAPITRE 2
LE NOUVEAU SUR LES CHIFFRES

La matière physique en chiffres.

Bien qu'une personne ait rencontré les mathématiques dans l'Antiquité dans ses calculs les plus simples, elle en sait encore très peu sur les chiffres. Les mathématiques, la géométrie, la trigonométrie, la physique, la numérologie et d'autres sciences liées aux nombres et aux nombres sont nées depuis longtemps, mais les nombres, les nombres, les actions qui sont utilisés pour les manipuler restent inconnus de l'homme par leur nature. Même un atome est déjà connu pour sa structure et les lois de son existence sont devenues connues, et la figure continue d'être un mystère. Et la raison de cacher son essence intérieure réside dans le niveau insuffisant de développement humain, dans son incapacité à comprendre les connaissances que les Enseignants Supérieurs pourraient ouvrir à l'humanité. Par conséquent, Ils rapprochent progressivement sa conscience de la connaissance du mystère des nombres et des nombres, révélant peu à peu de nouveaux secrets sur les nombres.

Parlant de la conscience humaine et de ses distorsions dans la compréhension des nombres, arrêtons-nous sur les nombres 13 et 666. Par exemple, certains refusent de suspendre de telles plaques d'immatriculation à leurs voitures avec trois six et le nombre 13, car il est devenu superstitieux que ces nombres peuvent attirer des Essences négatives de plan mince qui aime nuire aux gens, apporter le malheur, le chagrin.

Tout d'abord, une personne veut savoir si ces chiffres sont vraiment capables d'attirer des négatifs dans la vie d'une personne, ou une telle peur n'est-elle rien de plus que des préjugés familiaux?

Vous devez savoir que n'importe quel nombre est complet et contient une énorme signification, et seule une conscience limitée des gens peut mettre en évidence soit seulement la partie positive, soit la négative.

Une personne connaît le nombre d'informations minuscules et leur donne le sens qu'elle rencontre au cours de sa vie. Mais ces personnes qui étaient étroitement impliquées dans l'étude de la numérologie ont reçu des connaissances spécifiques sur les nombres qui révèlent leur essence positive et ceux négatifs.

Cette connaissance a été donnée aux personnes de la 5-ème race, donc cette information doit être respectée. Fondamentalement, une personne est associée à des nombres à travers ses programmes de vie. Sans le programme, l'implication négative des Essences négatives dans des situations de la vie humaine ne se produira pas. Les Essences ne sont pas attirées par le nombre lui-même, mais par la situation inscrite dans le programme de la personne à travers laquelle elle est étroitement liée au nombre et commence donc son impact négatif sur les événements de la vie en fonction de son programme, c'est-à-dire selon la loi du karma, la loi de cause à effet.

Rappelons que les personnages ont introduit dans la vie humaine les Neuf Systèmes Cosmiques, se nommant conditionnellement le «Système Union». Ils connaissent le développement des formes vivantes sur Terre et ont donné aux gens des chiffres arabes; chiffres (1, 2, 3 ... 9), où chaque chiffre représente le numéro du Système correspondant à son code numérique: le nombre de chiffres par le nombre de leurs Systèmes de composants: 9 Systèmes - 9 chiffres.

Leur symbole est une étoile à huit pointes (dans notre pays, ce symbole est incarné au figuré dans une amulette appelée «Étoile de l'Union»). L'étoile symbolise les neuf qualités fondamentales des énergies du développement humain: amour, espoir, salut, foi, bonté, miséricorde, humilité, spiritualité, responsabilité. Chaque rayon de l'Étoile est symbolisé par la pyramide de la hiérarchie d'un Système, composé de parties positives et négatives. Le neuvième Système est au centre (sous la forme d'un cercle) et sert à passer d'un Système à un autre. Ils continuent de donner de nouvelles connaissances à l'humanité et nous sommes également confiées à certains.

Nous nous posons une question: existe-t-il un signe égal entre le concept de «nombre» et le concept de «chiffre» en termes de sens sémantique?

Du point de vue des mathématiciens de la Terre, **un nombre est une expression quantitative de quelque chose et** un chiffre est un symbole du nombre correspondant. Dans l'espace de vie, un nombre et son symbole sont des constructions différentes réunies.

Les chiffres sont des expressions de un à neuf, y compris zéro. D'un point de vue énergétique, ils contiennent des constructions précises en béton et **sont dotés d'un grand pouvoir transformateur.** Les chiffres sont capables d'influencer les changements de volumes, d'actions, de processus et d'autres choses, tout en restant inchangés dans leur propre essence.

Il faut parler séparément du **chiffre "zéro", qui contient l'état de transition du positif au négatif et vice versa, et exprime également l'absence totale de quelque chose ou la fin de quelque chose.**

Le chiffre est un élément de développement infini, contenant les détails des manipulations arithmétiques et contribuant à son changement constant (augmentation ou diminution). **Tout chiffre est individuellement d'une certaine qualité et peut être appliqué à n'importe quel processus, action, transformation, etc. En termes quantitatifs, il reste constant, mais en termes qualitatifs, il peut être très différent.**

Par conséquent, par exemple, 10 pommes et 10 chaises sont des objets qui sont quantitativement les mêmes, mais qualitativement complètement différents. En termes quantitatifs, ces objets peuvent augmenter indéfiniment et diminuer jusqu'à zéro. Une pomme et des chaises peuvent être de 10, 1 000 ou 1 000 000, et chaque chiffre, parmi eux, reste toujours constant.

Les secrets de quelques Chiffres

Le développement du chiffre "zéro".

Le lecteur. Je m'intéresse au chiffre zéro. Dans ce document, les énergies positives et négatives sont en quantités égales et s'équilibrent mutuellement jusqu'à un état neutre. Mais il y a, par exemple, des calculs numériques, tels que: $-1 + 1$; $-2 + 2$; etc. Leur résultat sera nul. Mais comment corréler le nombre «0» avec les fonctions d'addition - soustraction: «-1 + 1»? Se pourrait-il que tant que le zéro ne soit pas transformé en une construction trinitaire de certains calculs numériques (par exemple: -1 + 1), il ne puisse pas se développer? Après tout, nous avons tous les trinités dans l'Univers. Par conséquent, tout devrait avoir un plus et un moins, et une partie neutre, interagissant spécifiquement les uns avec les autres et d'une certaine manière isolée les uns des autres?

La réponse. Chaque chiffre a sa propre opposition. Les deux, en conjonction l'un avec l'autre, sont à l'état zéro, une partie neutre. Par conséquent, le développement de nombres de un à neuf exprime simultanément le développement de l'état zéro de chaque paire de figures d'opposition. C'est-à-dire que l'amélioration de n'importe quelle paire de figures d'opposition conduit simultanément au développement de l'état zéro de cette paire. Zéro à lui seul ne peut pas progresser seul. Au début, il ne se développe que par des nombres, puis par des nombres ayant un contraire symbolique.

Le lecteur. Quelle est la qualité du potentiel énergétique du nombre 0.

La réponse. Zéro contient des énergies oppositionnelles en quantités égales et, par conséquent, inclut dans sa base les énergies de divers types de qualités en quantités correspondant aux Niveaux de leur développement. Le Niveau de développement exprime non seulement l'emplacement de quelque chose qui se développe dans leur hiérarchie, mais détermine également les valeurs quantitatives des énergies dans cette hiérarchie, car chaque transition d'un élément progressif de Niveau à Niveau lui définit nécessairement le côté quantitatif de son remplissage énergétique interne et leurs types qualitatifs.

Le lecteur. Si les nombres sont capables de se développer en tant qu'états vivants, sont-ils (les nombres)* dotés de l'énergie de la spiritualisation? Ont-ils leur propre esprit?

La réponse. Les nombres sont la source du matériel énergétique des Essences des Systèmes de règlement, engagés dans toutes sortes d'opérations informatiques. Tous les nombres possèdent initialement un automatisme d'action.

Les nombres eux-mêmes ne sont pas spiritualisés et sont auxiliaires. Ils opèrent sur la base de programmes compilés pour eux par les Systèmes Supérieurs de règlement.

Le lecteur. Les chiffres et les nombres ont-ils leurs propres lignes de développement? Par exemple, peuvent-ils se développer dans une direction négative et positive, c'est-à-dire devenir progressivement des nombres inférieurs à zéro et plus tard supérieurs à zéro?

La réponse. Les nombres, en tant que matériau de construction, sont universels et peuvent être utilisés à la fois par Dieu et le Diable. Grâce à l'association mécanique, ils sont capables de créer plus avec moins.

La puissance numérique des nombres, des nombres réside dans la capacité des max-unions. Les nombres ne sont pas capables de changer et de progresser, mais en combinaison avec des signes et des fonctions mathématiques, les nombres sont impliqués dans divers processus de calcul (qui existent en physique, chimie, astronomie, mathématiques, etc.). Passer par zéro les rend négatifs, et les chiffres eux-mêmes restent toujours neutres.

Le lecteur. Comment le potentiel énergétique est-il corrélé, par exemple, les nombres "-5" (moins 5) et les nombres "-7" (moins 7).

"−7" aura plus de potentiel? Comment le potentiel des nombres négatifs et positifs est-il lié? Par exemple, si vous comparez le nombre "−3" et "+3".

Quelle est la différence dans la qualité de leurs potentiels énergétiques?

La réponse. Les expressions numériques des potentiels (−3 et +3) sont les mêmes, ce qui correspond à leur puissance énergétique, ils sont donc capables de se neutraliser.

Les potentiels des nombres (−5 et −7) sont des mathématiques ordinaires, dans lesquelles un plus grand nombre a une plus grande puissance, par conséquent, dans la paire indiquée (−5 et −7), «−7» a un potentiel d'énergie plus élevé.

Le lecteur. Est-il vrai de supposer que les nombres fractionnaires indiquent une étape transitoire dans le développement d'un nombre? Par exemple, 1,5 (un et demi) est le stade de la transformation du nombre 1 en nombre 2?

La réponse. Les questions de mathématiques ont été parfaitement étudiées par nos scientifiques et rien de nouveau ne sera ouvert aux moins de 6 ans. Ce n'est que lorsque des mathématiciens avec des capacités paranormales viennent, qu'ils peuvent regarder à l'intérieur de la structure du nombre et faire beaucoup de découvertes d'énergie.

Les nombres n'existent qu'au milieu de la hiérarchie de Dieu, et surtout tout est basé sur des processus purement énergétiques. Le signe de l'infini dans les mathématiques elles-mêmes, en tant que symbole, a une finitude, comme tout nombre ayant ses propres fonctions. Par conséquent, approximativement au milieu de la hiérarchie, tous les nombres, y compris le signe de l'infini, disparaîtront, se décomposant en composants énergétiques. Et déjà ces composants seront inclus dans de nouveaux processus énergétiques des Niveaux supérieurs. Les nombres ne peuvent être transformés que dans l'énergie dont ils sont composés.

L'infini.

Le lecteur. Dans notre monde terrestre, l'infini est décrit en utilisant le signe du huit couché. Existe-t-il un vrai nombre décrivant l'état de l'infini ou de l'éternité?

La réponse. Un tel nombre et symbole n'existe pas pour une personne, car les nombres sont utilisés pour exprimer la matière physique et énergétique à un certain niveau de leur développement.

Le lecteur. Existe-t-il une unité de construction d'éternité?

La réponse. L'éternité est une unité de diversité au N-ème (nième) degré. En elle, tout est différent et tout infini, uni par la fonction de l'existence éternelle, et c'est une multitude de qualités à différents Niveaux. Autrement dit, si nous passons aux concepts que nous connaissons, l'unité de la structure de l'éternité est la Hiérarchie ou l'Absolu.

Les nombres peuvent-ils se transformer?

Le lecteur. Les nombres peuvent-ils se transformer en quelque chose de non mathématique?

La réponse. Tout ce qui existe dans notre monde et le monde lui-même est obtenu à la suite de la transformation des nombres. Les objets eux-mêmes ne sont pas mathématiques, ils sont matériels, mais toute forme d'entre eux est obtenue à la suite de la transformation séquentielle de nombres spécifiques par le biais de certaines opérations numériques (calculs).

Le lecteur. Quelle est la signification énergétique lors de l'exécution d'opérations mathématiques? Par exemple, si vous multipliez deux par deux ou ajoutez deux et deux? Cela signifiera-t-il la fusion des deux Essences de nombres dans le monde des nombres et la naissance d'une nouvelle Essence de nombres?

La réponse. Vous avez pris un mauvais exemple pour votre question. Les nombres supérieurs à eux, par exemple 3 et 4, apparaissent plus clairement.

$3 + 3 = 6; 3x3 = 9;$

$4 + 4 = 8; 4x4 = 16;$

Autrement dit, l'addition est un processus dont le niveau de développement est plus petit, qui est plus lent dans le temps que le processus de multiplication. Les opérations sur les nombres peuvent réduire le temps grâce à des calculs mathématiques. Et obtenir un résultat final en peu de temps présente toujours des avantages pour le développement de processus.

Toutes les opérations de calcul réduisent l'espace et le temps, vous permettent de regarder en profondeur le flux de réactions, les processus globaux. Ils contribuent à l'accélération du développement humain.

Le lecteur. Les nombres peuvent-ils être transformés en quelque chose de non mathématique?

La réponse. Ils sont librement transformés en énergies de leurs Niveaux.

Le concept d'un continuum entre les nombres.

Le lecteur. En mathématiques, il y a le concept d'un continuum entre les nombres (c'est-à-dire l'infini entre deux nombres). Par exemple, entre 1 et 2, 1 0007 peuvent exister; 1.00007; 1,000072 etc. Mais il doit y avoir un moment concret dans le développement du nombre. Par exemple, si vous prenez le chiffre 1. Alors, en quoi cela se transformera-t-il: 1.0001 ou 1.00000001 ou .... Je ne comprends pas quoi?

La réponse. Chaque chiffre a sa propre opposition. Les deux, conjointement, présentent un état zéro. Par conséquent, le développement de nombres de 1 à 9 exprime simultanément le développement de l'état zéro de chaque paire de figures d'opposition. C'est-à-dire que l'amélioration de n'importe quelle paire de figures d'opposition conduit simultanément au développement de l'état zéro de cette paire. Zéro à lui seul ne peut pas progresser seul. Au début, il ne se développe que par des nombres, puis par des nombres ayant un contraire symbolique.

Le nombre 12.

Le lecteur. Ma question est la suivante: presque partout vous pouvez trouver le nombre 12 (12 mois, 12 heures du jour et de la nuit, 12 signes du zodiaque, l'octave est divisée en 12 demi-tons, 12 faces du dodécaèdre, etc. Ce nombre peut être trouvé dans toutes les réalités de la vie).

La question. Quel est le secret du chiffre 12, sa signification sacrée, que signifie-t-il pour la Terre et pour les humains?

La réponse. Ce nombre est associé à la structure subtile de l'homme et de la Terre, ainsi qu'à leurs cycles de développement. Une personne doit développer sur le plan subtil jusqu'à 12 obus (maintenant il en a 7, dans la sixième race il y en aura 9, dans la 7-ème race il y en aura 12, et la 7-ème race devrait être la dernière avec le développement réussi de l'humanité. Si cela ne se produit pas, 8-ème race apparaîtra). Pour entrer dans la hiérarchie de Dieu, il est nécessaire de réaliser une certaine structure subtile qui fournit la puissance de l'âme nécessaire à l'existence dans Ses mondes. Tous les processus sur la Terre sont construits de telle manière que, en y participant, l'individu remplit ses coquilles respectives de nouvelles énergies. Le nombre de coquilles dans les douze permettra de correspondre de manière constructive et énergétique au premier Niveau de la hiérarchie de Dieu. Et donc, tout sur la Terre se concentre sur ce cycle de développement de l'âme humaine: jour, nuit, mois de l'année, signes du Zodiaque, etc.

Chaque coquille fonctionne avec sa propre gamme d'énergie. Autrement dit, pour qu'une personne puisse atteindre le premier Niveau de la hiérarchie de Dieu, elle doit maîtriser 12 gammes d'énergie sur la Terre. À ces fins, la cinquième race a reçu 12 signes du zodiaque. (Le 13-ème signe est transitoire et contient des énergies adjacentes unissant le monde supérieur et le monde inférieur).

Chaque phénomène, un objet, lié au nombre 12, produit des énergies de cette gamme supérieure, c'est-à-dire qu'elles travaillent pour remplir les coquilles de l'homme et de la Terre. Mais puisque le remplissage des coquilles a lieu en portions minimales, tout cela est étiré pendant des millénaires. Les nombres sont de l'énergie. Tout ce qui est lié au chiffre 12 donne l'énergie la plus pure pendant son travail. Par conséquent, même les apôtres du Christ en avaient 12. Et dans notre groupe initial en contact, les Supérieurs ont toujours cherché à ce que 12 personnes soient également présentes.

Le lecteur. Le monde du néant peut-il être décrit par le chiffre 0?

La réponse. Aucun monde ne peut être décrit par le nombre zéro, car dans chaque monde il existe d'énormes combinaisons numériques. Le zéro est une unité conditionnelle désignant le moment initial ou transitoire de quelque chose, donné uniquement aux personnes. Même le vide ne peut pas être exprimé en zéro, car son état repose sur d'énormes calculs numériques qui créent des structures puissantes qui peuvent résister à d'autres mondes matériels dans lesquels il se trouve. Si le vide ne possédait pas ce pouvoir, alors le monde qui l'entourait l'écraserait depuis longtemps, prenant son volume.

LA MAUVAISE MÉMOIRE POUR LES CHIFFRES

Le lecteur. Je ne me souviens pas de beaucoup de mots de passe, mais je me souviens toujours d'un seul mot de passe si je mets le numéro: - 101204. Mon ami m'a donné un cahier, où au lieu de 10 12

04 c'est 102204 - après cela je ne me souviens que de ce nouveau mot de passe. J'en fixe d'autres et j'oublie immédiatement, mais ce dernier ne l'est pas. À quoi cela peut-il être lié?

La réponse. Dans une vie antérieure, vous n'étiez pas associé aux nombres, vous n'avez donc aucune mémoire pour eux. Les gens qui, dans une vie passée, ont compté et élaboré certains concepts numériques dans la matrice de mots, au contraire, ont une excellente mémoire pour les nombres.

Quant au nouveau mot de passe présenté, cela peut déjà être le travail délibéré du Système négatif, qui pour une raison quelconque ne veut pas que vous utilisiez d'autres numéros, d'autres mots de passe. Peut-être, à travers ces chiffres, un signal est envoyé à quelqu'un de votre part. Mais ils ne dévoilent pas leurs plans. Ce n'est qu'en vous observant vous-même et ce qui se passe après avoir utilisé ce code donné par un ami, que vous pouvez révéler à quoi cela mènera à la fin. (Mais, juste au cas où, faites-le savoir à votre personne proche en qui vous avez confiance afin qu'il puisse contacter la police pour vous rechercher, car cela pourrait être le cas de certains escrocs, de criminels, etc. Il faut être prudent).

DES CHIFFRES DANS NOTRE VIE
Le nouveau sur la célébration du "Nouvel An".

Le lecteur. Je suis intéressé par la date du nouvel an. A chaque fois avec l'approche du Nouvel An, je pense à cette question:

«La date de sa célébration dans toute l'histoire de la Russie a changé à plusieurs reprises, sans parler du fait qu'elle est complètement différente dans tous les pays du monde. Et pour la raison que cette fête n'a pas été célébrée à l'origine le 1er janvier, pour beaucoup, en particulier chez les Vieux-Croyants, la célébration du Nouvel An dans un nouveau style provoque un rejet brutal. Il semble que, pas le nôtre, une date imposée. Ces vacances ont-elles une signification ésotérique? Ou est-ce que les gens attachent en lui autant d'importance à lui? »

La réponse. Bien sûr, la célébration du «Nouvel An» a un sens ésotérique. Sa date est associée à un changement des énergies cycliques, dont le changement se produit annuellement. Chaque nation travaille avec son propre type d'énergie, donc les dates de leur descente par les Supérieurs sont plus commodes à utiliser différentes. Et laisser tomber différents types d'énergies en même temps pour différentes nations est techniquement difficile et peu pratique. Par conséquent, les Supérieurs par la régulation des dates gèrent les processus énergétiques de la manière qui leur convient, et non pas comme la personne le désire. Tout est lié au changement d'énergie de descente à différents endroits de la Terre. Et dans ce cas, la descente s'effectue à travers les cérémonies religieuses et festives des peuples.

Un type spécifique d'énergie se résume aux nations liées à une seule date. Autrement dit, ces nations changent complètement d'énergie, il y a une augmentation de son potentiel d'une certaine quantité. Une personne assimile cette nouvelle énergie, la transforme et la transfère plus loin sur la planète, ce qui lui permet de renouveler son énergie tout au long de l'année, jusqu'à la prochaine date.

Toutes les nations célèbrent le Nouvel An à des dates différentes, car il est plus commode pour les Supérieurs de changer le cycle des énergies dans certaines parties des frontières de l'humanité tout entière. De plus, certains endroits sur la planète nécessitent leur propre énergie individuelle, et comme elle est transmise à la planète dans ce cas par les humains, tout cela est calculé en Haut par les dates, par quelle qualité la nation spécifique devrait transmettre l'énergie à cet endroit, en quelle quantité, et à partir d'ici fixer des dates.

Changer immédiatement l'énergie de descente à travers la planète n'est pas commode pour les Supérieurs. Imaginez - c'est un processus technologique ordinaire, mais il nécessite un gradualisme et l'utilisation de différents types d'énergies, qui sont fournis par différentes nations en raison de leur construction spéciale. Mais à chaque Nouvelle année, l'énergie sur la Terre est nécessairement mise à jour. Une année, pourrait-on dire, est un cycle d'énergie pour la planète et les personnes dont ils ont besoin pour leur développement.

En Russie, la date change (ou pour n'importe quelle nation) parce qu'il est nécessaire de réguler certains processus sur notre planète, c'est un organisme vivant et en croissance et il est nécessaire de s'adapter à son travail, et aujourd'hui il en faut un, et demain un autre. Par conséquent, après 200 ans, il n'y aura plus de célébration de la nouvelle année, il y aura un changement de processus et les cycles de descente des énergies seront associés à de nouvelles améliorations techniques du plan subtil.

Mais les vieux-croyants n'ont pas besoin d'être guidés, ce sont des dogmes, une branche sans issue du développement; ils vont bientôt couler à jamais de la Terre, car ils travaillent avec de vieilles énergies et donc l'avenir leur est fermé. Ils ne se développent pas sur de nouvelles énergies, mais seulement de nouvelles énergies - les énergies du futur - contribuent à la croissance du potentiel énergétique de l'âme, et, par conséquent, contribuent à son progrès. Vous devez toujours vous efforcer de suivre la nouvelle heure, sinon vous risquez de ne pas avoir le temps d'entrer dans la nouvelle Ère.

Le baptême et la numérologie.

Dans ce chapitre, nous avons inclus un article de Yelchinov Alexander Petrovich, notre lecteur, le considérant comme une recherche créative. Faisons connaître à ceux qui s'intéressent à la numérologie les réflexions qui ont conduit E.A.P. la considération de la fête bien connue du baptême à tous les chrétiens. Voyons ce que notre personne aux vues similaires écrit sur une fête comme le «Baptême». L'article contient ces grains de nouveautés que notre lecteur recherche constamment dans les informations.

(L'article de Yelchinov Alexander Petrovich)

«Demain, c'est le 19 janvier 2017. Ce jour-là, tous les orthodoxes célèbrent le baptême du Christ par Jean-Baptiste dans les eaux du Jourdain. Mais demain n'est pas une journée simple, mais spéciale. Essayons de considérer cette journée du point de vue de la numérologie et de l'astrologie.

La valeur de 19 peut être interprétée comme une énergie dirigée vers l'illumination spirituelle. Par conséquent, pour les gens de foi et ceux qui sont sérieusement engagés dans l'ésotérisme, le nombre 19 se réfère à la catégorie des bons nombres. Mais pour les gens embourbés dans l'agitation de la richesse, le nombre 19 est certainement mauvais.

Essayons donc d'analyser la date du 19 janvier 2017.

19 >> 1+ 9 = 10

2017 >> 2 + 0 + 1 + 7 = 10

Le numéro 10 - en numérologie spirituelle, c'est un symbole de l'illumination spirituelle, le nombre d'amour supérieur et de sagesse supérieure. Dix dans le langage des nombres signifie perfection et exhaustivité. Le nombre 10 dans les dix commandements donnés à Moïse sur la montagne a été choisi pour que l'unité représente la cause racine ou le Créateur, et zéro est un symbole de l'Éternité, un développement continu.

En outre, le nombre 10 est le début et la fin, le début et la fin, l'achèvement de quelque chose d'ancien et le début de quelque chose de nouveau. De plus, le chiffre 10 symbolise la signification de la «Roue de la Fortune».

Le chiffre 10 est composé des chiffres 1 et 0.

L'essence ésotérique de l'unité et du zéro est la suivante.

L'unité symbolise la puissance, la force, l'énergie. De plus, le nombre 1 dans la langue des nombres signifie également sens - le sens de toute chose, tout événement, tout phénomène.

Zéro dans notre compréhension habituelle est un vide rempli à ras bord d'événements futurs qui ne se sont pas encore produits, mais qui se produiront certainement en un instant. Pour mieux comprendre l'essence profonde du zéro, imaginez le Monde une seconde avant son explosion.

De plus, le 19 janvier 2017 selon le calendrier lunaire est de 21 jours lunaires.

Le symbole de cette journée est le cheval, personnifiant les Forces Supérieures. La devise de cette journée est l'achèvement! L'image symbolique de cette journée est «l'Univers», et elle s'appelle la «Couronne des Mages».

Nous continuons donc nos recherches

Janvier est le premier mois de l'année >> 1

19 >> 1+ 9 = 10 >> 1 + 0 = 1

2017 >> 2 + 0 + 1 + 7 = 10 >> 1+ 0 >> = 1

La signification du nombre 1 atteint son plus haut sommet dans le nombre 111. Si l'unité est la force, l'énergie, la volonté, alors le nombre 111 est la force maximale, la volonté indestructible et l'énergie inépuisable.

Considérez le nombre 111 d'un point de vue différent, à savoir, comme **111 >> 1 + 1 + 1 = 3**

Le numéro 3 des contes populaires russes est tout simplement décisif. Le chiffre 3 reflète les tournants de la vie humaine et de la société. Cela est particulièrement évident dans les "trois routes", qui sont généralement réparties devant les personnages principaux au moment d'un choix fatidique, qui est en fait une question de vie ou de mort.

Donc, pour résumer.

Le 19 janvier 2017 est un jour fatidique, tant pour la Russie que pour l'humanité tout entière. Notre sort futur dépend du choix que nous ferons après le 19 janvier 2017. Dieu nous donne le droit de choisir:

soit prendre le chemin d'une dégradation supplémentaire, soit choisir le chemin spirituel du développement et de la prospérité. N'oubliez pas que tout le monde a une chance de changer son avenir pour le mieux. Ne manquez pas cette opportunité. "

(Article d'Alexander Petrovich Yelchinov du 31 décembre 2017)

LA PRÉVOYANCE DE PYTHAGORE

Pythagore possédait-il l'intuition, le don de la prévoyance? Les scientifiques modernes ne sont pas en mesure de faire des découvertes qui ont même cent ans d'avance, mais Pythagore a fait une découverte qui a dépassé les connaissances des gens de plus de 2500 ans.

Un Mathématicien positif par calcul, est capable d'anticiper le développement de tout processus mathématique et de les voir dans l'expression finale. **Le philosophe et mathématicien grec ancien - Pythagore, par exemple, prévoyait que le monde entier se composait de nombres et de formes géométriques.** C'était une prévoyance très lointaine (il a vécu 570-490 avant JC), ce que nous avons confirmé seulement maintenant dans les informations qui nous ont été données par les Enseignants Supérieurs. (Le livre "Le phénomène de l'âme").

Les Supérieurs ont rapporté que notre monde physique, avant sa création, était soumis à des calculs et à des constructions géométriques. La prévoyance du philosophe était donc exacte. Notre monde terrestre et l'ensemble du système Solaire ont été créés sur la base de calculs complexes par les mathématiciens Supérieurs des Systèmes de règlement positifs et négatifs, et ils ont utilisé pour créer notre géométrie mondiale, la trigonométrie, la physique, la chimie et de nombreuses autres sciences qui sont encore inconnues de l'homme et la connaissance les attend dans un avenir lointain.

L'intuition lointaine de Pythagore a fonctionné, il a pu prévoir l'apparition de telles connaissances qui nous ont été données pour la 5-ème race et pour nous plus de 2500 ans après sa mort.

Le lecteur. En numérologie, il existe un système pythagoricien pour déterminer le nombre de vies vécues. Selon ce système, pour une personne, seulement quinze vies sont possibles au maximum. Comment pouvez-vous commenter cela?

La réponse. Le calcul de Pythagore a été donné pour un certain cycle de développement, évidemment pour l'humanité, qui devait se développer depuis le début d'une nouvelle ère. Une certaine période de développement lui a été allouée, au cours de laquelle l'âme devrait se rencontrer. Par exemple, la cinquième race devait appris le nouvel enseignement de Jésus-Christ en 2000 ans.

Même si nous calculons provisoirement, alors avec une espérance de vie humaine moyenne de 60 ans, la durée totale de 15 vies sera de 900 ans, alors les intervalles entre les incarnations devraient être approximativement de 70 à 80 ans. Et c'est très petit. Un nombre de vies similaire pour son système de calcul est donc tout à fait vrai: c'est au cours des 2000 prochaines années que la jeune âme pourrait bien s'incarner 15 fois. Tout système n'est donné que pour une période de temps strictement spécifique, car alors tout change. Par conséquent, dans ce cas, Pythagore a raison dans ses calculs. Après tout, il n'a pas du tout parlé du nombre d'incarnations de la première course, mais son point de référence était le sien et, évidemment, il l'a également indiqué.

Mais la plupart des âmes qui sont maintenant dans notre cinquième course n'ont pas commencé leur développement à partir de la quatrième course. Ils se sont développés lors de la première, deuxième, troisième, quatrième course sur Terre, effectuant des transitions d'une civilisation à l'autre. De plus, l'âme pourrait venir dans notre monde d'autres mondes pour affiner certaines de ses qualités. Leur nombre d'incarnations peut donc être beaucoup plus important. Mais ils ne pourront s'incarner dans la nouvelle ère pas plus de 15 fois.

Si nous résumons toutes les vies de telles âmes, nous obtenons à la fois cent mille incarnations. Mais en tout cas, il y a des tendances générales de développement et la réalisation d'objectifs spécifiques par elles, et il y en a des particulières. Il y a beaucoup de vieilles âmes qui continuent de se développer, et beaucoup sont jeunes, qui commencent tout juste la réincarnation. Par conséquent, il convient d'examiner ces questions non pas de manière restrictive mais globale. Et qui veut de la précision, doit déterminer les limites du temps auxquelles il rapporte la réincarnation. La tâche nécessite des données précises.

Le lecteur. Dans le livre de Tikhoplavov, "Tour cardinal" parle de l'école de Pythagore. Il était partisan des nombres et de la géométrie. Il croyait que le monde entier était construit sur des chiffres. Sa déclaration est-elle correcte que les chiffres dominent le monde?

Information tirée du livre "Tour cardinal": "Pythagore de Samos (il est né vers 560 avant JC, un penseur grec, ... un politicien. Le fondateur du pythagorisme, le mathématicien..."

La réponse. Il est impossible d'expliquer le complexe en un mot. Pour que le lecteur ait le bon concept en tête, il est nécessaire de fournir une base de connaissances de base sur cette question. Par conséquent, nous devons commencer l'explication par ce qui suit.

Quant aux nombres qui gouvernent le monde, cela est vrai, en particulier pour le monde matériel, pour toute la hiérarchie des plans physiques et une partie des mondes subtils jusqu'à un certain Niveau de leur développement. **Et au-dessus, il y a déjà une transition vers d'autres processus qui contrôlent la matière, plus précisément - il n'existe que de l'énergie,** que nous pouvons appeler matière subtile. Par conséquent, les processus contrôlent la formation et les fonctions des énergies d'une manière différente, **sans nombre** ni géométrie.

Mais nous parlons de matière spécifiquement de notre univers, de notre plan terrestre, par conséquent, ces explications ne les concernent que dans d'autres mondes, tout peut aller différemment.

Notre monde terrestre a été créé à l'origine pour certaines fins, et le but dicte toujours la réception d'un résultat spécifique. De plus, le monde correspond à un certain Niveau de développement, et donc à une gamme spécifique d'énergies. Par conséquent, ce but doit être réalisé, en s'appuyant uniquement sur les énergies de cette gamme, c'est-à-dire que le but doit être "créé" à partir de ces énergies.

Cela revient à donner à une personne du sable, de l'eau, du ciment, de la pierre et à dire que le but ultime est de créer une maison solide. Au début, tout le matériel semble être quelque chose d'incompréhensible et de fragile, et en créer quelque chose d'unique, d'ensemble semble impossible. Mais avec la connaissance des lois de la construction d'un bâtiment, tous peuvent être utilisés pour former le résultat souhaité - la construction d'un bâtiment.

Tout cela est dit afin de montrer clairement que sur la base de la connaissance des Lois de l'interaction des énergies, on peut aussi construire n'importe quoi à partir d'eux, mais au même Niveau (un monde), si ce monde appartient à la même gamme d'énergie.

Le monde terrestre est construit à partir des énergies de notre Niveau. Il s'agit d'un énorme projet qui forme une idée donnée en un objectif, et l'objectif mène à travers de nombreux processus au résultat souhaité. Et entre l'objectif et le résultat, il existe de nombreuses constructions possibles.

Autrement dit, les Créateurs de ce monde travaillent ici. Ils calculent un projet mondial. Tout est d'abord effectué en termes numériques, des formules continues, des calculs sont effectués, les indicateurs de puissance du monde sont déterminés à différents stades de développement (et ils doivent être différents aux stades, en augmentant strictement d'une certaine quantité, sinon il n'y aura pas de progrès). Ensuite, à ces indicateurs numériques et caractéristiques des énergies, ils commencent à créer des formes, des structures qui non seulement fourniront le squelette de quelque chose, mais rempliront des fonctions spécifiques.

Une figure, une forme ne doit pas seulement servir de squelette, de squelette de quelque chose, mais doit remplir certaines fonctions et ce sont ces fonctions que leur configuration est calculée. C'est-à-dire que la configuration est toujours associée aux fonctions qu'elle doit remplir selon les intentions des Créateurs de formes. **Par conséquent, les formes et les formes sous-jacentes de notre monde** (triangles, carrés, cubes, parallélogrammes, sphères, icosaèdres, etc.) **servent non seulement de squelette d'objets et de monde, mais, surtout, elles fonctionnent avec les énergies du plan terrestre.**

Chaque paramètre d'entre eux est associé à la fonction chargée du travail de cette figure. C'est-à-dire que la forme, sa figuration sont prédéterminées par les fonctions qu'elle doit assumer. Les lois énoncées dans la figure sont dictées par les fonctions qu'elle (la figure) doit remplir. Et ces fonctions sont associées aux conversions d'énergie.

Chacun d'eux fonctionne avec un certain type d'énergie et fonctionnera de manière calculée, donnant le résultat souhaité. Par conséquent, les théorèmes, les axiomes, les formules et les différentes règles découvertes par nos mathématiciens expriment les lois régissant la construction de ces formes qui y ont été établies par les Créateurs de notre monde. Par conséquent, le carré de l'hypoténuse est égal à la somme des carrés des jambes et la circonférence est $L = 2\,\pi\,r$.

Tout cela est intégré dans leur forme basée sur le calcul des Mathématiciens Supérieurs des Systèmes hiérarchiques de Calcul.

Notre monde entier, tout ce qu'une personne voit autour d'elle, est calculé et créé par les Créateurs Supérieurs, et non par la nature. Par conséquent, **pas une seule personne ne fait de découvertes. Elle ne découvre que ce qui a longtemps été découvert et créé par d'autres. Elle suit le chemin emprunté par nos aînés Frères de l'Esprit.**

Faisant des découvertes, une personne se les approprie, les jure par sa propre proximité. Et les Supérieurs lui sourient, comme un petit enfant, voyant comment il s'approprie leurs créations pour lui-même, réalisant qu'il n'a pas encore grandi pour voir où sont les siens et les autres.

Ainsi, toute matière est constituée de nombres et de formules, car elle est calculée et créée d'abord par les Compteurs dans la version de conception, puis conçue par les interprètes.

Tout processus chimique, physique ou biologique, la réaction s'exprime également par une certaine chaîne de calculs, une chaîne de calculs numériques, conduisant au résultat demandé par les Personnalités Supérieures.

Une feuille sur un arbre en train de se développer d'un rein à un état adulte avec un changement de couleur du vert clair au foncé, puis au jaune avec des nuances roses - tout cela est une chaîne de calculs numériques des Supérieurs, donnant le résultat souhaité dans le temps: forme et couleur. Un poisson, en tant que forme vivante, est également le fruit de calculs numériques qui forment les fonctions de ses fonctions vitales, forme, couleur, son, etc. Le son, la couleur, la lumière dans nos yeux sont également le résultat de l'activité de l'esprit des Développeurs Supérieurs. (Et dans notre livre "Les Lois de l'Univers ..." cela est dit).

Mais la forme vivante, il faut l'ajouter, est nécessairement réunie avec son programme de vie, son style de comportement, sa consommation d'énergie pour vivre dans un monde particulier. Et tout cela encore, ce sont les chiffres, les formules fixées d'abord dans le projet, puis dans l'expérience, puis déjà lancées dans la vie indépendante.

D'abord viennent les nombres qui portent certaines lois d'interactions et de constructions, ils additionnent les nombres, et tout le reste en est déjà dérivé: géométrie, trigonométrie, physique, chimie, etc., y compris nous-mêmes.

Les nombres sont également créés par les Créateurs de matière physique pour notre monde terrestre à partir des énergies. Pourquoi sont-ils créés? Qui les a créés spécifiquement?

Une figure englobe le pouvoir sur certains types d'énergies, leurs plages définies, car elle contient un système multiple d'interactions codées.

Lorsqu'un nombre se connecte à un autre par addition ($2 + 3 = 5$), y compris certaines interactions qui donnent une certaine force (égale à 5); lorsque les nombres sont connectés par d'autres opérations: la soustraction ($3 - 2 = 1$), le degré ($2^3 = 8$), etc., d'autres opérations sont activées, d'autres interactions d'énergies (à partir du nombre inhérent aux nombres) et un autre résultat est obtenu (5; 1; 8).

Chaque nombre possède un certain potentiel, un certain pouvoir et leurs combinaisons peuvent libérer une telle force qu'elle peut détruire toute l'humanité. Pourquoi une bombe nucléaire est-elle si puissante? Parce que, grâce à une série de calculs numériques basés sur toutes les combinaisons possibles strictement selon certaines lois, les scientifiques ont obtenu la libération d'une puissance spécifique d'énergie intégrée dans la matière physique par les Supérieurs.

Chaque type de matière a ses propres types d'énergie avec sa propre valeur de puissance. Et pour libérer cette puissance, un certain calcul est nécessaire avec le résultat recherché, établi à travers des formes géométriques et des formes en dispositifs contribuant à la libération de cette énergie. Ainsi, une bombe nucléaire le libère de l'uranium. Le calcul numérique des interactions, des structures, des réactions chimiques au final donne une énorme explosion. Et ce n'est que la libération d'énergie incorporée dans une substance particulière par les Créateurs Supérieurs.

La terre en tant que structure sphérique a d'abord été calculée et construite comme modèle, puis reproduite à travers diverses réactions physiques et chimiques selon le programme. De plus, tous les processus chimiques, physiques, biologiques sont également calculés et construits dans certaines interactions avec l'obtention d'un résultat strictement spécifique, qui, par le calcul, est également lié exactement à un moment précis. Seul un calcul numérique peut donner une référence exacte d'un objet au temps et à l'espace, ne lui permettant pas de se perdre dans la masse totale de matière.

De plus, la vie de toute personne, toutes ses situations d'être sont calculées avec précision, et chaque personne est attachée par un certain système de coordonnées strictement à ses situations de vie. Et ses situations de calcul sont liées à des situations spécifiques de la société, de sorte qu'une personne tombe dans les événements qui lui ont été décrits d'en Haut et ne tombe pas dans les autres. Pour cela, tous les événements doivent être interconnectés par des actions qui réalisent des âmes ou des mécanismes spécifiques. Toutes ces chaînes d'interactions sont également calculées d'en Haut.

Les mots sont également construits sur la base d'additions numériques et portent une charge d'énergie différente. Les mots bas portent un spectre d'énergie brute faible, le tapis porte une charge négative et alimente les entités négatives des mondes inférieurs.

Les mots de bonté, d'amour, de grâce ont un potentiel énergétique moyen dans la hiérarchie des mots, et les mots sur Dieu, les mondes Supérieurs, l'amour universel pour toutes choses ont le potentiel le plus élevé. Un peu en dessous d'eux se trouvent des mots sur le Cosmos, toutes sortes de ses processus et technologies, car ils sont construits sur une gamme élevée d'énergies grâce au calcul numérique.

Il faut dire que tous les mots d'amour n'ont pas un potentiel énergétique élevé. Si nous parlons de mots d'amour pour votre partenaire, ils sont plus élevés que beaucoup d'autres mots, mais plus faibles en potentiel énergétique de mots d'amour pour l'humanité, les mondes Supérieurs, l'univers. L'amour pour Dieu et ses Maîtres célestes, car toutes choses ont le plus haut potentiel énergétique.

Ainsi, peu importe ce que nous prenons dans notre monde, tout ici est lié au nombre, au calcul et à la construction. Une découverte similaire a conduit les Pythagoriciens au culte du nombre, lui attribuant des propriétés magiques et mystiques spéciales. Et cela est tout à fait possible si quelqu'un place spécifiquement ces propriétés dans un certain système de nombres. Mais les chiffres eux-mêmes, sans avoir pour objectif d'y investir mysticisme et magie, n'ont rien de tel. Par conséquent, les mathématiques et les nombres ne devraient pas avoir de propriétés supermagiques ou mystiques. Il ne faut pas oublier qu'ils sont tous créés et développés par l'Esprit des intellectuels Supérieurs. Et ces Personnalités intellectuelles y déposaient toutes les propriétés magiques et autres nécessaires.

C'est-à-dire que nous devons être frappés non pas par les chiffres, mais par ces Personnalités, la grandeur et la force de leur Esprit, capables d'exécuter un travail aussi grandiose et unique.

En parlant de tout cela, nous voulons enseigner à une personne à comprendre correctement le monde qui nous entoure et à ne pas attribuer à un lien intermédiaire de création (des nombres) ce qui, en réalité, appartient légitimement aux Créateurs de ce lien. Cela ressemble au fait que si un sauvage, venu dans un appartement civilisé et y voyant une télévision, commençait à louer et à s'émerveiller de toutes ses possibilités de montrer des choses incroyables, et même de les exprimer. Il a à la fois de la magie et du mysticisme. Et ce sauvage commencerait à s'incliner devant les images qui apparaissent en lui, et la télévision ferait référence à des objets religieux. Mais le fait qu'il ait été créé par la pensée d'une personne intelligente, et des dizaines d'autres artistes intelligents l'ont aidé à traduire cette idée en réalité, il n'oserait pas l'admettre.

Une personne est encline à s'attarder sur le lien intermédiaire comme source de quelque chose, incapable de regarder plus loin. Cependant, tout miracle, mot, nombre exprime seulement une manifestation particulière de la pensée d'un être intelligent supérieur, une Personnalité rationnelle.

Tout est généré par la pensée, l'Esprit Supérieur. Et une pensée supérieure crée les conditions pour le développement et la formation de la pensée chez les individus de niveau inférieur, les encourageant à améliorer la pensée.

Tout est créé par la Pensée et tout est également mis en mouvement et développé par elle. Donc, toutes choses, nombres, mots ne sont que des dérivés de la pensée des Personnalités Supérieures. Par conséquent, on ne peut pas dire que **les nombres expriment l'essence des choses. Les nombres expriment le but qui réside dans la chose, dans l'objet, la pensée des Supérieurs.**

Une pensée crée un objectif, puis le planifie et le traduit en un sujet à l'aide du calcul. Puisque les nombres n'expriment pas l'essence des objets, ils ne forment la pensée des Supérieurs qu'à travers eux (les choses et les objets).

Tous les calculs sont effectués sur les instructions de Dieu avec des Systèmes de règlement spéciaux, composés de Personnalités hautement développées, spécialisées dans les opérations numériques. Autrement dit, nous n'attribuons pas tous les processus de création à une seule personne, mais nous parlons de nombreux participants. Mais le principal initiateur de tout cela est Dieu. Il fixe des objectifs et des plans de développement.

Tout ce qui précède indique l'importance des nombres et de toutes les sciences mathématiques dans notre monde. Mais les chiffres ne sont pas encore les principaux, car ils sont basés sur la créativité, c'est-à-dire la pensée créative, la génération de formes, d'idées, la création de projets grands et grandioses.

Lorsque la pensée du Créateur crée le but et sa forme d'expression finale, seul ce projet est transféré au Système informatique du Monde Supérieur, et il commence à encercler le projet d'abord en nombres, puis en figures géométriques, puis en les commençant par des processus et de la matière. L'énergie est donc transformée en matière par calcul numérique.

Le nombre $\pi = 3,14$ (le nombre d'Archimède) n'est une constante que pour notre univers, comme le nombre d'or et de nombreuses autres quantités. Dans d'autres univers et même dans les systèmes stellaires de notre univers, tout est différent. Et cela est dû au développement de l'espace lui-même.

Ici, nous apportons une précision supplémentaire.

Le pythagorisme était une doctrine basée sur tout par le nombre. Dans le livre, Tikhoplav V.Yu. et T.S. «Tour cardinal» on dit que «le pythagorisme est une doctrine basée sur l'idée du nombre comme base de tout ce qui existe». En cela, ils ont absolument raison en ce qui concerne le monde matériel. Mais nous irons plus loin.

La matière physique dans l'immensité de l'Univers ne représente que 3% de sa matière énergétique totale. Et le nombre est la base de ces trois pour cent de la matière physique et des mondes subtils, proches d'eux et contraints d'effectuer un certain nombre de processus connexes avec de la matière brute. Le calcul dans la matière subtile est encore trois pour cent. Autrement dit, les méthodes sont similaires dans le calcul de la matière mince physique et connexe, et surtout les méthodes de calcul elles-mêmes changent, mais les nombres continuent d'exister jusqu'à l'Absolu. Et seulement en passant par Lui (Absolu)* tout change du tout.

Après tout, la matière solide et grossière a été inventée pour créer des mondes et des processus physiques, comme un moyen d'organiser avec précision la matière physique et de la mettre dans l'état fonctionnel requis. Cela était également nécessaire dans les mondes énergétiques adjacents, car il y avait une combinaison de matière de types de mondes complètement différents: physique et énergétique, ce qui signifie que les processus doivent d'une certaine manière passer d'un état brut à un état subtil et énergétique, à travers une transformation appropriée. Et les chiffres auraient dû le faire aussi, mais, dans le monde subtil (plus précisément celui de l'énergie)*, ce n'est bien sûr pas un système décimal ou hexadécimal, mais un système complètement différent.

Au-delà des frontières du monde terrestre, il y a d'autres mathématiques, car la matière à plusieurs niveaux porte différents potentiels d'énergie, force et puissance. Et les chiffres, les mathématiques devraient correspondre au potentiel énergétique de cette matière, qui s'exprime et s'organise en un système. Par conséquent, si nous prenons des extraterrestres matériels d'un Niveau supérieur, leurs mathématiques seront complètement différentes de celles sur la Terre (et différentes de celles des extraterrestres peu développés), et ils ont déjà le contrôle à l'aide d'un certain nombre d'influences et de transformations subtiles.

Par exemple, ils ont dit qu'ils étaient capables de décomposer un mur de matériau rugueux à l'aide d'un code numérique en atomes qui le composent, et qu'ils pouvaient matérialiser un certain objet à l'aide d'un nombre, et qu'ils pouvaient utiliser le code numérique pour «tamponner» des objets identiques. Et, bien sûr, cela est tout à fait possible. Cela fait partie du développement des superpuissances de la sixième race. Pour que les mathématiques fassent des merveilles si elles sont orientées vers la matérialisation des matières nécessaires. Il ne sera pas nécessaire de construire des usines complexes pour la production des mêmes meubles ou serres pour les maisons d'été. Les chiffres sont capables d'économiser d'énormes sommes d'argent pour l'État; seuls les mathématiciens correspondants doivent être développés. Ainsi, lors de la 5-ème race, les mathématiciens devront également développer des capacités paranormales et apprendre par des codes numériques à dématérialiser la matière ancienne et à en créer de nouvelles, à apprendre à se construire des maisons chaudes, à se protéger et à se protéger des catastrophes naturelles et des chocs énergétiques. Avec l'aide du nombre, il sera possible de faire des mouvements et des vols vers d'autres planètes. Oui, une personne ne connaît pas encore la puissance et les capacités des codes numériques, mais dans un proche avenir, cela lui sera révélé. Et le secret de la gestion de la matière à l'aide du potentiel énergétique d'un certain nombre sera révélé. Ils commenceront à créer d'une manière nouvelle, et ce ne sera pas un conte de fées ou de la science-fiction, mais une science d'un Niveau supérieur au réel.

Cependant, avec un changement de matière, ses propriétés changent et, en conséquence, les mathématiques et les objets associés changent.

Par conséquent, d'autres mondes adjacents de matière physique et énergétique, de nouveaux changements se produisent dans la construction numérique des mondes et dans les mathématiques elles-mêmes, ses opérations numériques. Comme nous l'avons dit plus haut, à partir d'un certain Niveau de développement, c'est-à-dire après l'Absolu, les nombres cessent de contrôler la structure de la matière. La pensée passe dans une forme d'existence et de travail complètement différente. Et encore une fois, les frontières de la connaissance et les possibilités de la pensée s'élargissent.

- - -

Si nous disons que le Hiérarque négatif pense avec des nombres, alors cela se réfère aux processus de pensée negative, associés à la forme oppositionnelle d'évolution de la matière de l'Univers. Dans les mondes supérieurs, il pense à son niveau, et l'énergie négative à travers les nombres est inhérente à lui.

Dieu, lorsqu'il s'approche de la Terre et parle avec l'homme, utilise ce langage qui lui est clair, c'est-à-dire les mots. Et quand il revient à lui-même, il recommence à penser de la manière habituelle pour lui - l'énergie. Dans ses mondes élevés, Il ne pense pas avec des mots ou même des concepts, c'est une forme de pensée complètement inconnue - l'énergie.

Le lecteur. La question sur le même livre. "Pythagore croyait que la pleine réalisation de l'idée de l'importance des formes géométriques qui sous-tendent la structure du monde, l'humanité le saura à l'ère du Verseau ... Selon la loi de la similitude, la géométrie de l'espace sera interprétée avec la géométrie du corps humain." (69 P.41), «Tour cardinal» de Tikhoplav V.Yu. et T.S.

La réponse: Les formes géométriques, comme nous l'avons découvert ci-dessus, sont vraiment au cœur de notre monde matériel en tant qu'éléments structurels qui créent son squelette, son squelette et en même temps forment des fonctions strictement définies pour convertir un type spécifique d'énergie. Tous sont dérivés de nombres.

Chaque figure géométrique (forme) fonctionne avec sa propre gamme d'énergies. L'entrelacement des figures géométriques donne une connexion de différentes gammes d'énergie, leur permet d'interagir, élargissant la gamme d'énergie de travail. Plus la configuration de la forme est complexe, plus elle fonctionne énergiquement, comme cela se produit dans notre amulette une "Étoile de l'Union".

Mais avant ces formes géométriques, il y a d'abord eu une Pensée supérieure incarnée dans le projet, puis des nombres, des calculs numériques, et c'est aussi l'œuvre des pensées des Supérieurs, mais de qualité différente.

La pensée positive créatrice crée des objectifs (incarnés dans les projets) et la pensée négative calculée place ces projets dans des mécanismes d'action précis et durables. Ensuite, les Exécuteurs Supérieurs traduisent le projet en réalité.

Quant aux paroles de Pythagore, selon lesquelles «la géométrie de l'espace sera interprétée avec la géométrie du corps humain», nous l'avons déjà fait dans la nouvelle ère du Verseau. Dans notre livre «La Philosophie de l'Absolu» (chapitre 3), ainsi que dans le livre «Un nouveau modèle de l'Univers» (l'article «Le mouvement des volumes mondiaux», Fig. 15), nous avons fait une telle analogie.

Tout espace, comme la forme, est appelé volume. Le volume mondial est une forme évolutive à plusieurs niveaux. Chaque petit volume est investi dans un plus grand, qui est un arrangement hiérarchique des volumes mondiaux. La hiérarchie du volume mondial passe d'un volume plus petit à un volume plus important lors du développement à l'extérieur, et vice versa. L'espace est une matrice en développement. Tout volume mondial est construit sur la base d'une matrice spatiale ayant une structure spéciale, et résistant à certains rapports entre les potentiels énergétiques des volumes.

Une telle construction est très similaire aux coquilles minces de l'homme. Si chacune de ses coquilles est prise pour le volume mondial, alors l'analogie avec la géométrie de l'espace sera complète, car les coquilles minces de l'homme ont également une structure matricielle, trinitaire, qui permet l'évolution de deux énergies oppositionnelles de l'Univers en elles. Les coquilles minces sont situées les unes par rapport aux autres en fonction de la valeur de leurs potentiels énergétiques, et également dans une certaine séquence hiérarchique d'un plus petit volume à un plus grand.

Autrement dit, ils (corps subtils) d'une personne et l'espace des volumes mondiaux ont une structure de niveau et forment leur propre hiérarchie de développement. Ils diffèrent par les potentiels énergétiques, les tailles, le nombre de volumes de niveau et l'orientation qualitative du développement. Sinon, le volume global de construction est similaire à la structure de l'homme.

Les lois physiques et leurs proportions ne conviennent qu'au monde matériel. Dans les mondes énergétiques, des proportions et des lois complètement différentes.

Astrologie

1. Les planètes Rahu et Ketu existent-elles dans la réalité? Horoscope

Le lecteur. Les anciens écrits indiens mentionnent les planètes subtiles Rahu et Ketu. Existent-elles vraiment et sont-elles liées au système solaire? Si elles existent vraiment, pouvez-vous nous en dire un peu plus?

La réponse. Rahu et Ketu ne sont pas des planètes matérielles, mais des nœuds lunaires bien connus des astrologues. Ce sont des points hypothétiques et non matériels de la sphère céleste qui se déplacent le long des signes du zodiaque avec une période de révolution spécifique. Ces points ont un certain effet sur l'horoscope d'une personne. En tant qu'objets physiques du Système Solaire, ils sont absents.

2. Astrologie et le nombre de signes du Zodiaque.

Le lecteur. En astrologie, il existe 12 signes du zodiaque et 12 types de personnes. Pourquoi pas 5 ou 7? Quelle en est la raison?

La réponse. Un tel modèle numérique a été adopté par les Supérieurs pour la Terre. Ce modèle est associé au mode de vie de douze types de personnes, à la disposition des saisons et bien plus encore. Nous avons douze mois par an, et ils sont associés à différentes énergies qui sont dans la circulation de la planète. Autrement dit, 12 signes du Zodiaque sont associés à la structure subtile de la planète et aux processus qui s'y produisent. Maintenant, la structure mince de la planète change, donc un autre signe est ajouté. Il commencera à travailler avec les nouvelles énergies de l'espace. Il y a 12 planètes dans le Système solaire. Et du fait que la Terre se déplace vers un nouveau Niveau de développement et que de nouvelles coquilles minces y sont ajoutées, qu'elle devra remplir avec des types d'énergie plus élevés, le 13-ème signe du Zodiaque est ajouté, et en conséquence, des personnes de ce signe apparaîtront. Et dans le Système solaire, la treizième planète sera incluse dans les travaux.

Le lecteur. Quels signes sont en train de naître de plus en plus, lesquels le moins, et pourquoi?

La réponse. Oui, nous étions intéressés par ce problème avec les Supérieurs, afin que nous puissions partager ces données avec vous. À la fin du 20e début du 21e siècle, les Capricornes naissent le plus sur la Terre. La raison en est que dans la période de transition actuelle, une très grande quantité d'énergie descend des Systèmes Hiérarchiques vers la Terre pour la transférer vers une nouvelle orbite. Mais comme tout est interconnecté, puisque la planète reçoit une grande quantité d'énergie, cela nécessite également des gens qui prendraient cette grande quantité d'énergie sur eux-mêmes et la traiteraient, en lui donnant la quantité requise. Autrement dit, car le traitement de grands volumes d'énergie nécessite des personnes construites de manière spéciale. Et parmi les signes du zodiaque, ces personnes sont le signe du Capricorne. Ils sont capables de recevoir et de traiter beaucoup d'énergie.

Le moins de tous pendant cette période est né le Verseau. Au contraire, ils ne reçoivent actuellement pas d'énergie pour la raison qu'ils ne devraient pas être actifs pendant cette période. Ils devraient se concentrer sur les processus créatifs. Mais au fil du temps, ce ratio va changer. Chaque signe transporte des types spéciaux d'énergies pour la planète, et il faut donc du temps pour travailler davantage avec un signe ou l'autre. Autrement dit, elle est liée au développement de la Terre, aux processus qui s'y produisent.

3. La relation des signes du zodiaque avec les programmes des gens.

Le lecteur. Notre famille étudie la relation entre un homme et une femme, notamment, dans le cadre d'une réfutation du lien entre les signes du zodiaque et les types de programmes. Voici une citation à la page 165 «L'âme et les secrets de sa structure»:

"- L'astrologie est en quelque sorte liée aux types de programmes selon les signes du zodiaque? Il y a douze signes du zodiaque.

- De votre point de vue, du terrestre, cela affecte le choix des programmes, mais de l'espace - il n'y a que Notre programme, Notre décision. "

La question. Pourquoi, dans le livre "Amour, famille, enfants" du chapitre "Connexion de l'enfant avec les signes du Zodiaque" p.81, il est dit: "L'énergie solaire, se pliant d'une certaine manière avec l'énergie de la constellation sous laquelle l'enfant est né (Poissons, Bélier ...), est imprimée sur l'homme, pourquoi acquiert-il une qualité spécifique. ", mais rien n'est dit sur le lien avec la décision des Supérieurs?

La réponse. Pour les gens ordinaires, des programmes de développement standard ont été développés (il y en a 10 types), et les signes du zodiaque sont automatiquement attachés à chaque Niveau du programme, tout en tenant compte de l'ensemble des qualités qui sont déjà en développement et de celles qui ne sont pas encore maîtrisées par ce Niveau d'une personne. Pour achever la construction des qualités de l'âme dans les cellules de la matrice, les signes correspondants du zodiaque sont connectés. Chaque signe sert le temps de qualités strictement définies. Par conséquent, en régulant la connexion du programme de l'âme avec l'un ou l'autre signe, ils provoquent l'accumulation des qualités nécessaires à une personne. Autrement dit, la connexion du signe du zodiaque avec le programme est requise.

Tout cela se fait en standard, en mode automatique, et la participation personnelle des Supérieurs n'est pas requise ici. Ce processus peut être comparé à une machine-outil à commande numérique utilisée pour produire des pièces spécifiques. Une personne a créé un programme pour lui et n'est plus impliquée dans ce processus. De plus, les Supérieurs ne participeront pas à ce mécanisme astrologique avant un certain temps. Cependant, il y a de nombreuses années, nous avons écrit que l'horoscope que les gens ont n'est valable que jusqu'en 2000, puis une nouvelle astrologie est introduite avec la participation du 13-ème signe du zodiaque. Tout cela devrait être développé par des astrologues qualifiés d'une manière nouvelle.

Les pyramides.

Le lecteur. Une autre question sur les pyramides, il s'avère que les pyramides réfractent les rayons cosmiques (à en juger par les livres) et donc les rayons se croisent et sont réfléchis par la pyramide à l'intérieur les uns des autres, de sorte que certaines zones de la pyramide sont hors de portée et de l'influence de ces rayons, d'où «l'anti-monde» (est, il n'y a aucune influence de ce monde physique) .. je Vous ai correctement compris?

La réponse. Les pyramides sont un diagramme conditionnel de la cartographie de certains processus. En fait, aucune pyramide n'existe, sauf artificiellement créée sur la Terre et sur le Mars. Mais la pyramide est également une conception qui remplit des fonctions énergétiques spécifiques. Il n'y a pas de pyramides dans d'autres univers de Dieu et de ses mondes énergétiques, bien que nous représentions schématiquement toutes les Hiérarchies sous forme de pyramides afin de mieux comprendre la direction du développement de tous les mondes. En réalité, tous les mondes sont sphériques en trois dimensions, mais cela vaut la peine de dessiner un cercle à une personne, au lieu d'une sphère, et il sera complètement confus - dans quelle direction le développement se déroule. Autrement dit, l'esprit humain n'est pas encore prêt à comprendre d'autres configurations, et donc il lui est donné de comprendre et de réaliser des schémas conditionnels avec des figures de pyramides, de rectangles, de cercles, etc.

Quant aux pyramides Égyptiennes, elles réfractent les énergies solaires et cosmiques, changeant l'environnement d'existence dans notre monde, car elles sont sphériques. Bien sûr, les énergies à l'intérieur du monde sphérique et à l'intérieur de la pyramide fonctionneront différemment. Mais pour l'homme, seul son propre habitat, conçu pour les processus de son Niveau mondial, est naturel. Par conséquent, tous les processus de la pyramide ne sont pas naturels pour lui et il ne peut pas exister longtemps dans la pyramide dans un état vivant. Et l'effet à court terme de la pyramide, en tant que stimulation de la vie, ne peut être étendu au monde entier.

Le lecteur. Astrus (via Kretov Yu.V.) contient des informations sur les pyramides et autres artefacts. Il l'a appelé le système de séparation. Ce système est associé à l'équilibrage de la fréquence du champ magnétique de notre Terre.

Nous sommes des gens, avec nos actions, fondamentalement mauvaises, nous émettons beaucoup d'énergie négative et faible. Cela change la fréquence "de travail" de la Terre. Pour son ajustement, les ajustements, les pyramides, ou Stonehenge, ou les idoles, comme sur l'île de Pâques, ou bien trouver quelque chose ailleurs. Tous ces artefacts fonctionnent dans un seul système, avec une certaine fréquence, ce qui stabilise la fréquence de la Terre. Et à cette fréquence, à travers les couches minces de champs d'ADN (Kryon "12 couches d'ADN"), il y a déjà un réglage fin et une fréquence de champ de chaque personne. Autrement dit, les pyramides et autres artefacts sont des éléments d'un système de stabilisation?

La réponse. Les pyramides et autres artefacts ont de nombreuses fonctions, mais la principale consiste à établir une connexion énergétique active entre les divers corps cosmiques matériels de notre système solaire, car les pyramides se trouvent même sur certains astéroïdes. Différentes pyramides fonctionnent avec différentes fréquences d'énergie.

Le lecteur. Quelles fonctions sont les coins des pyramides?

La réponse. À l'heure actuelle, la Terre est terriblement polluée par toutes sortes d'énergies négatives de l'humanité, car elle suit le chemin de la dégradation et tout milieu liquide reflète cette saleté en soi, car son excès est hors échelle. La pyramide produit les énergies les plus propres, concentre toutes les énergies sales dans les coins de la base et les rejette à certaines périodes, tout en continuant à rester propre à l'intérieur.

* * *

CHAPITRE 3
Les MOTS, LA LETTRE «Ë» et L'ESSENCE DES LOIS

Le changement de discours et de mots au fil du temps.

Le développement humain dépend de la parole, ou plutôt d'un mot porteur d'une certaine quantité d'informations. Le temps l'influe nécessairement (le mot), provoquant des changements sémantiques. Les mots ont également un passé et un avenir, et ils réfractent également leur sens à travers le moment présent.

Il est clairement visible sur différentes générations qu'ils utilisent un dictionnaire différent et un vocabulaire différent. Les générations plus âgées remarquent que dans leur jeunesse, ils ont utilisé des mots et des expressions complètement différents. Mais certains mots naissent et meurent immédiatement en une génération, tandis que d'autres parcourent obstinément les siècles, subissant une transformation. À partir de là, certains mots ont des racines qui remontent au passé profond. Les phrases qui étaient impossibles dans le passé changent également dans le présent. Et, bien sûr, de nombreux mots ont un avenir à l'époque de l'existence de la sixième race, car elle continuera à utiliser le langage verbal pendant une période initiale de développement.

Les combinaisons de mots au présent ont un sens, mais si vous regardez dans le passé, vous pouvez y trouver une combinaison complètement différente. C'est-à-dire que le temps change l'interconnexion des mots selon les concepts de l'homme. Sa conscience change, les concepts changent et cela provoque des changements dans la construction des phrases et des mots eux-mêmes. Il est clair que si l'on compare le discours d'une personne en trois phases temporelles, alors la personne dans le passé s'est exprimée à sa manière; dans le présent, il est déjà différent, et dans l'avenir, il parlera différemment du passé et du présent. Le sens de l'expression change par rapport aux opinions de l'individu. Si dans le présent ils ont beaucoup de poids, alors, passant dans le passé (c'est-à-dire avec le temps), leur ancienne signification est perdue et une nouvelle se forme.

Les mots sont capables de changer leur essence. Et cela est bien connu de l'homme. Mais les mots ont une fonction de plus qu'une personne ne distingue pas en une fonction distincte. **Certains mots sont la clé de la manifestation d'une action, c'est-à-dire servir de raison à son commencement.** Mais de tels mots ne fonctionnent qu'au présent. Ils aident les gens à s'impliquer dans certains processus à temps.

La matrice des lettres et la lettre "Ë".

Lecteur. La matrice des lettres en Russie était à l'origine 7 × 7, c'est-à-dire 49 lettres. Au fil du temps, il s'est progressivement rétréci aux 33 lettres actuelles, et les lettres disparaissent, il est clair que non seulement au gré des dirigeants de simplifier. Pensez-vous que cette action de programme est proportionnelle au temps, à la dégradation ou à l'intention malveillante de quelqu'un d'autre, essayant d'éradiquer la civilisation Slave?

La réponse. L'humanité a choisi la voie technocratique du développement, dans le cadre de laquelle la destruction de tout ce qui pourrait rapidement amener l'humanité sur la voie spirituelle et accélérer sa transition vers la Hiérarchie de Dieu a commencé. Le chemin de la dégradation est toujours programmé dans certaines pertes, c'est-à-dire que les gens sont périodiquement confrontés à des situations dans lesquelles il doit faire un choix de chemin: soit se diriger à nouveau sur le chemin spirituel, soit continuer la dégradation. De tels points avec la variante de dégradation contenaient simplement la perte d'un certain nombre de lettres dans le temps. La disparition de 16 lettres est une très grosse perte, car chaque lettre transmet une certaine énergie à une personne, et si une personne ne travaille pas avec cette lettre, son âme ne reçoit pas un certain type d'énergie. De là vient la dégradation de l'homme lui-même et du peuple. Dans la période actuelle, il y a aussi une lutte pour la lettre "ë": certaines personnes y ont érigé un monument, tandis que d'autres prônent sa destruction, c'est-à-dire que les générations se développant sans "ë" seront également privées d'un certain type d'énergie. Et cela signifie la poursuite de la dégradation d'une personne déjà moderne.

L'Harmonie dans la phrase.

Le lecteur. La loi « Le mot comme la loi» stipule que les mots des langues de différentes nations ne peuvent pas être combinés, car les nations sont à des niveaux de développement différents. Mais voici un exemple de phrase: «il lui a soudainement dit en anglais pur:« I love you!» Une certaine essence harmonieuse de la phrase n'a-t-elle pas été créée à partir de mots appartenant à différentes langues (russe et anglais), véhiculant un sens clair?

La réponse. L'Harmonie existe toujours et organise les formulaires ou processus correspondants dans l'ordre approprié. Mais pour un homme, il y a aussi des concepts figuratifs qui se combinent parfaitement harmonieusement, comme les peintures d'un artiste sur un chevalet, et il suffit de pouvoir trouver ces belles combinaisons harmonieuses, qui dépendent déjà de la compréhension individuelle de la beauté par chaque personne. Dans les concepts figuratifs, le locuteur traduit automatiquement des phrases de différentes langues en une langue sémantique, qui lui est compréhensible, qui reflète l'essence harmonieuse des images et non des mots. Par conséquent, dans ce cas, une essence harmonieuse est créée à partir d'images.

Les mots obscènes.

Les Supérieurs ont proposé un discours d'homme et pour cela perfectionné sa gorge, il avait des cordes vocales et il a même appris à chanter, à faire des sons merveilleux. Cependant, avec cela, de nombreux mots négatifs sont apparus dans son vocabulaire. Et ici, vous pouvez dire de manière expressive: "Nous nous développons depuis longtemps ... et nous nous sommes développés jusqu'aux mots obscènes!" À cet égard, certains lecteurs ont des questions sur leur énergie.

Le lecteur. Si vous écoutez un enregistrement audio obscène sur disque ou sur Internet, à chaque fois une essence verbale sombre sera générée à partir de la reproduction d'un mot obscène?

La réponse. Une énergie sombre grossière sera produite, détruisant les coquilles minces de celui qui l'écoute.

Le lecteur. Qu'est-ce que les jurons détruisent et quel est le mécanisme de leur influence sur quelque chose? Peuvent-ils endommager les matrices ou les coquilles minces?

La réponse. Ils traversent tous les obus temporaires, provoquant une grave dégradation de la personnalité. Dans le même temps, diverses essences de maladies, vampires et essences énergétiques - des parasites qui provoquent l'obsession pénètrent librement dans la dégradation des membranes.

D'où vient la saleté dans le jurant? L'énergie du mot.

Le lecteur. D'où vient la saleté énergétique des obscènes? Après tout, les mots de grossièreté et d'ordinaire sont constitués des mêmes lettres de l'alphabet. Pourquoi, par exemple, le mot «amour» est chargé d'énergie lumineuse, et chaque obscène est de la saleté?

La réponse. En plus des lettres, un certain sens et une certaine charge sont investis dans chaque mot, qui peuvent être positifs ou négatifs. Beaucoup de mots proposent un Système négatif, y déposant l'Essence, travaillant pour le Diable. Par conséquent, de nombreux mots créés par le système négatif sont énergétiquement construits de telle manière qu'ils transforment les énergies positives d'une personne en des énergies sales lorsque ces mots sont prononcés. N'oubliez pas que les mots sont tout un système de calculs et de formules qui forment finalement un mot donné. On peut dire que n'importe quel mot est une petite usine de traitement d'énergie dans la bouche d'une personne. Les plus élevés indiquent toujours quels mots sont bons et lesquels sont mauvais. Et c'est une question de choix d'une personne, quel stock de mots utiliser dans son vocabulaire.

Les dettes énergétiques dues au jurant.

Le lecteur. Les gens contractent des dettes énergétiques, et l'obscène a un niveau différent, et d'après ce que l'individu dit, peut-on juger du degré de dégradation? Il est arrivé qu'en entendant un obscène, une personne transforme l'énergie en un aspect sale. L'obscène nous accumulons de la dette énergétique. Mais si je n'ai pas entendu le tapis de moi-même, mais d'une autre personne, et quand je l'entends, je perçois ces mots grossiers avec la coquille astrale, c'est-à-dire Je commence à le recycler dans un aspect sale. Il s'avère que de cette façon, je gagne à nouveau la dette énergétique. Mais comment puis-je le régler, parce que je n'ai pas dit. Et décrivez comment nous percevons le tapis à un niveau subtil et pourquoi il est nocif. Je suis souvent grondé ou interrogé sur un ton obscène.

La réponse. L'obscène affecte de manière destructrice les corps énergétiques minces, à partir desquels diverses maladies et parasites énergétiques pénètrent ensuite le corps physique. De plus, il agit de la même manière, tant sur le locuteur que sur l'auditeur.

Dans ce cas, les dettes énergétiques découlent de ce que l'on n'entend pas jurer de l'enquête, c'est-à-dire qu'une personne établira du karma pour avoir permis (même en raison de sa propre ignorance) de détruire ses coquilles minces. Une personne doit nécessairement empêcher la source de l'agression en la neutralisant ou en s'en éloignant.

Si une personne tombe dans une société de gens bas qui utilisent un langage grossier, vous devez mettre une protection énergétique, en imaginant que le corps physique est dans une balle avec des murs très solides, dont la surface extérieure est en miroir et reflète tout ce qui est mauvais dans l'environnement extérieur. Il est possible d'imaginer plusieurs fois que les parois de cette balle sont super solides et que rien ne peut les pénétrer, alors qu'une personne doit toujours se rappeler que le canal de communication avec le Déterminant et Dieu reste toujours ouvert.

Le nom de la ville est ce que le mot porte.

Le lecteur. Il est écrit dans Vos livres qu'il ne se passe rien d'accidentel. Je voudrais connaître à travers Vous la signification du nom de notre ville, car le nom lui-même est incohérent.

Je vis dans une ville appelée Cherepovets. Le nom lui-même se compose de deux mots - «crâne» et «mouton». C'est, semble-t-il, comme un crâne appartenant à un mouton. Les Supérieurs peuvent-ils dire - y a-t-il une signification spéciale dans un tel nom? Cela affecte-t-il en quelque sorte l'énergie de notre ville, indique-t-il une spécificité en elle?

La réponse. Chaque nom a une signification spécifique, car il affecte ceux qui lui sont associés. Chaque nom porte une certaine signification interne (comme un nom de famille et un nom), ainsi que des codes énergétiques qui contrôlent le mouvement énergétique d'une zone donnée.

La fixation de la manifestation des Supérieurs dans notre monde.

Le lecteur. Vous êtes en contact avec les représentants de "l'Union". Pouvez-vous enregistrer une de ces sessions en vidéo? Après tout, les représentants du Monde Subtil peuvent d'une manière ou d'une autre se manifester dans la réalité terrestre, afin que cela puisse être visualisé à l'œil nu: des figures incandescentes, des éclairs de lumière, etc. Les sceptiques peu croyants pourraient reconsidérer leur attitude envers Vous. Oui, et un tel cadeau à la mémoire de l'humanité serait agréable à recevoir.

La réponse. À propos de fixer dans nos sensations l'arrivée des énergies Supérieures envoyées par les Maîtres célestes à nous, nous avons écrit dans plusieurs livres différents. J'ai réussi à prendre des photos avec l'affichage des énergies haute fréquence. Cependant, ces images n'augmentent pas la Foi d'une personne dans l'existence de Dieu et de ceux qui les ont créées. Pendant trop longtemps, leurs âmes ont augmenté leur incrédulité et leur fierté, leur soif de leur propre supériorité sur toutes les créatures de notre univers, chéri leur irremplaçabilité et leur originalité, pour reconnaître soudain qu'en plus d'eux, l'Univers regorge de créatures intelligentes plus puissantes et intelligentes que les humains.

Ces athées auront besoin de beaucoup de temps pour comprendre à quel stade de développement ils se trouvent et évaluer sobrement leurs capacités à l'heure actuelle, ainsi que pour comprendre les perspectives des terriens à l'avenir. Le temps passe vite et il est important de suivre les tendances générales des mouvements évolutifs des créatures intelligentes.

LES ESSENCES

Dans nos textes, nous mentionnons souvent le concept "d'Essence". Selon le dictionnaire de la «Philosophie cosmique», ce mot exprime ce qui suit: «1. *Âme,* individu, *progression, valeur faciale,* personnalité, *Unité.* Dans chaque monde de la Hiérarchie de Dieu ou de la Hiérarchie négative, les Essences vivent, c'est-à-dire personnalités hautement développées, créateurs et diseurs qui se développent selon des programmes individuels et sont les aides de Dieu dans la mise en œuvre de Ses desseins. Chaque Essence a une certaine orientation qualitative de développement et, en fonction de celle-ci, est combinée avec d'autres Essences dans des Systèmes de niveau ayant une certaine spécialisation dans le fonctionnement».

Une personne perçoit généralement ce mot comme une expression littérale des Personnalités Hautement Intelligentes Supérieures, situées dans la hiérarchie de Dieu, du Diable et du Système Médical. Mais en même temps, il les présente toujours comme similaires à eux, c'est-à-dire liés à l'humanoïde, et donc vivant, comme une personne, selon les mêmes lois. En partie, il a raison.

Mais l'Univers est si énorme qu'il ne peut pas se contenter de créatures comme les humains.

L'Univers est un énorme volume spatial, qui est un organisme cosmique spiritualisé et en développement qui est dans un processus constant d'existence et de développement.

Et son éternité est basée sur le flux de processus continus et réguliers. Plus précisément, nous pouvons dire que l'Univers est un immense cosmoorganisme, vivant et s'améliorant selon les exigences de l'évolution.

La principale exigence d'un volume vivant et progressif est qu'il soit composé des mêmes états vivants, spiritualisés, capables de contrôler leur développement à l'intérieur de cet immense organisme cosmique et de subordonner leur développement à toutes les exigences et lois de cet organisme. La même chose se produit dans le corps humain, et si nous considérons l'univers à travers le prisme des concepts humains, alors dans leur développement, vous pouvez trouver beaucoup de choses en commun. En effet, dans le corps matériel d'une personne tout est vivant, tout organe, tout système: circulatoire, lymphatique, nerveux, calculé, énergétique.

Les énergies subtiles "yin" et "yang", qui fonctionnent constamment dans son corps physique, créent la base du travail des énergies subtiles provenant du corps physique, d'abord dans des coques temporaires, puis dans des coques constantes. Mais ce système énergétique de la forme humaine fonctionne clairement et de manière cohérente, non seulement en raison de la soumission à son programme, mais aussi en raison du fait que ce Système (système énergétique humain) est un état séparé qui se développe chez une personne indépendamment, sinon on peut dire - l'Essence qui existe sous la forme d'une personne, comme dans un mini-univers. Cette Essence, qui régule le mouvement des énergies le long des voies légales du corps humain, a sa propre forme d'existence, que nous appelons habituellement «être». Cet «être» comprend les processus, les fonctions et les mini-espaces qui composent le corps humain.

Le système de règlement qui existe dans le corps humain est également un certain état vivant et en développement qui surveille, par exemple, les oligo-éléments qui manquent au corps pendant sa vie. Ce système de règlement se révèle sous la forme de l'apparition chez une personne d'une certaine envie, par exemple, de manger un certain produit, qui ne contient que ces oligo-éléments manquants. Par exemple, le patient voulait soudainement vraiment manger une pomme ou une orange. Par conséquent, ces fruits contiennent les oligo-éléments nécessaires au moment donné de la vie. Autrement dit, le système de calcul du corps est capable de compter mieux que la personne elle-même, en achetant les mêmes fruits.

Un tel état de vie, spécialisé dans certains calculs sur les composants élémentaires du corps humain, est inconnu de l'homme, mais il existe en lui et se développe dans les processus de calcul de ses oligo-éléments. Il indique également au corps comment il doit se reconstituer.

Bien sûr, ici, vous pouvez discuter et décrire ce qui se passe depuis longtemps, mais dans ce cas, il faut comprendre qu'il existe de nombreux États vivants de ce type dans le corps humain qui se développent chez la personne et aux dépens de celle-ci, étant à la fois des formes de vie indépendantes et séparées, sont destinées à afin que la personne elle-même puisse se développer pleinement. Après la mort de la membrane physique, certaines de ces conditions sont séparées du corps et les Supérieures les attachent à un autre corps, se préparant à naître.

Les mêmes États vivants et en développement existent dans d'autres grandes formes d'existence, en particulier dans les volumes de Dieu et du Diable, dans les volumes mondiaux de la Nature et de l'Univers. Chacun d'eux est appelé l'Essence et a son propre Niveau de développement. Les Essences qui leur correspondent (formes) * par Niveaux sont toujours liées aux formes de vie.

Nous passons maintenant à la considération de tels États existant dans notre Univers, en particulier dans notre monde. Nous aurons les premières idées sur leurs activités.

L'ESSENCE DE LA MORT

La lectrice. À mon avis, la spiritualisation de l'énergie rend une personne vivante et l'Essence de la Vie la soutient. Lorsque l'Essence du Temps fait son travail et que les chronons s'épuisent, l'Essence de la Vie s'en va et elle est remplacée pour une courte période par l'Essence de la Mort. Et tout cela est déterminé par les programmes de l'homme et ces Essences. Si j'ai bien compris, la question est: comment fonctionnent les Essences des autres États, par exemple la Mobilisation? Supposons que dans une situation critique, une personne recueille (c'est-à-dire mobilise) toutes ses forces.

D'où vient cette Essence de Mobilisation? Est-elle attachée à une personne ou vient de sa hiérarchie par un signal quelconque pour faire son travail, sait-elle elle-même combien de temps elle a besoin d'être avec une personne en particulier et quand elle doit partir? Les autres Essences des États (par exemple, l'Essence de la Rotation) fonctionnent-elles de la même manière? Le travail de l'Essence des États fait partie intégrante du programme d'une personne ou peut-on demander de l'aide en vertu de la Loi d'entraide? Peut-être que je n'ai pas tout compris du tout?

La réponse. Même une personne d'un certain Niveau peut choisir pour elle-même le développement dans l'une ou l'autre qualité, c'est-à-dire qu'elle peut devenir l'Essence de la Vie, l'Essence de la Mobilisation, l'Essence de la Mort, etc. Et quand elle développera les qualités dont elle a besoin pour le potentiel énergétique requis, elle sera attachée à travailler avec des formes de moindre potentiel et recevra des programmes appropriés. Les Essences Essentielles pour une personne

(Vie, Mort, Mouvement, etc.) sont liées à son programme avec son programme supérieur et sont connectées à lui à un certain moment. (Il est inutile de les appeler, car ils travaillent strictement selon les programmes et n'ont pas le droit d'interférer seuls dans la vie de quiconque.)

La lectrice. L'Essence de la Mort est liée à la Loi de Transition? Dans les mondes extraterrestres, les créatures passent de différentes manières d'un état à un autre, donc elles n'ont pas l'Essence de la Mort, cela se réfère uniquement à la Terre? L'Essence de la Mort elle-même choisit un tel travail (prendre des vies) et peut-elle être transformée en une autre Essence, si elle le veut?

Maintenant, il y a tellement de morts autour, mais vous comprenez que c'est inévitable et que chacun a son propre temps, parfois vous commencez à traiter la mort calmement et de l'extérieur ressemble à l'indifférence. Mais je pense que nous devons nous concentrer davantage sur le vivant.

Peut-être que je me trompe, mais nous devons trouver la bonne attitude envers la mort, mais seulement quoi? Je travaille comme travailleur social, l'âge de mes pupilles de 70 à 95 ans. Une femme (elle a 72 ans, elle a une sclérose en plaques depuis 10 ans, son corps est immobile, une seule tête fonctionne) Je vous ai présenté Vos informations et, étonnamment, elle les a acceptées et les comprend. J'ai lu ses nouvelles prières, interprétations des Lois, j'ai montré Vos photos et photos de contacts. Elle déplore toujours d'avoir appris Vos livres si tard, mais maintenant elle peut expliquer beaucoup d'elle-même (en particulier, sa maladie soudaine et progressive). La plus grande valeur est l'âme et, probablement, peu importe l'âge d'une personne, l'essentiel est qu'elle puisse s'élever grâce à de nouvelles connaissances, y compris la montée et purement techniquement après la mort.

La réponse. L'Essence de la Mort est liée à toutes les transitions. Dans les mondes bas, ces transitions s'expriment de façon aussi ignoble que sur la Terre. Dans les Mondes Supérieurs, l'Essence de la Mort se transforme également en états supérieurs, de sorte que les transitions y sont plus simples et moins vulnérables que chez l'homme.

L'Essence de la Mort a initialement choisi une telle œuvre, mais elle se développe également lors de la transition vers les Hiérarchies

Supérieures, où tout est éternel, est transformée dans d'autres états, par exemple, dans l'Essence de la transformation, etc.

Les personnes directement associées à un grand nombre de décès devraient les traiter calmement et isolément. Cette catégorie de médecins, les services du ministère des Urgences, la police et les agences rituelles, mais tous devraient accorder une attention maximale aux proches du défunt, car ils (les proches) doivent le percevoir déjà d'une manière différente, en vivant pleinement le moment de leur départ. Les proches doivent acquérir d'autres qualités au contact de la mort. Tout dans la vie d'une personne est individuel.

Est-il possible de voir les Essences de la vie, de la mort, etc.

Le lecteur. Vous écrivez que chaque âme en développement est connectée à d'autres états spiritualisés - l'Essence de la vie et de la mort, l'Essence du temps, l'Essence de l'intention, etc., qui se développent elles-mêmes en relation avec les âmes. Est-il possible dans le Monde Subtil de les regarder?

La réponse. L'Essence du temps, de la vie, de la mort, de l'intention, etc. - ce sont des États très élevés (de nature législative), qui sont deux Hiérarchies au-dessus de la Hiérarchie humaine. Par conséquent, ce sont plusieurs dimensions supérieures à cette dimension dans laquelle une personne et son âme sont au Niveau actuel de développement. L'âme, qui est dans la dimension basse, n'est pas capable de voir les Essences des autres dimensions, bien supérieurs à elle.

Mais il convient de noter que, par exemple, l'Essence de la mort ne peut pas être vue sous une forme matérielle (elle est souvent vue sous une forme d'énergie plus subtile), bien qu'elle agisse sur le plan physique. Ce professionnel a dans ce monde ses manières de prendre les gens: par la maladie, les accidents, les individus négatifs qui détruisent les gens. Autrement dit, une telle Essence a ses propres méthodes qui conduisent les organismes vivants à la mort, au départ des âmes de la coquille matérielle.

Et les signaux et les processus correspondants qui conduisent à la mort des états vivants, elle passe par une série de leurs fonctions avec l'implication de certains pouvoirs qui sont autorisés à utiliser dans un espace extérieur qui combine l'Essence de la mort et la forme sous laquelle ils résident. Mais l'Essence de la mort est toujours sur le plan subtil, et l'objet détruit est dans le monde physique.

Et ici, comme toujours, l'information peut entrer en conflit avec la pratique des gens. Certains parents qui s'occupent de patients racontent parfois que leur vieille mère, avant de partir, a soudainement commencé à leur dire qu'une créature désagréable ou des anges noirs lui étaient venus qui voulaient l'emmener avec eux. Les personnes âgées se rendent compte que cette créature est leur mort.

Toutes les personnes sont individuelles, leurs maladies se déroulent différemment et les impressions de leur propre départ de la vie sont également individuelles. Il convient de noter que la souffrance d'une personne malade les purifie tellement et que le potentiel énergétique de l'âme augmente de sorte que certaines personnes ont le soi-disant troisième œil. (De l'observation des messages, une vision du monde subtil et des créatures qu'il contient peut également être révélée).

En effet, si une personne est bonne et que les Supérieurs apprécient son âme, Ils essaient de l'empêcher de se perdre parmi de nombreuses autres âmes qui ont volé hors de leur corps et, en raison de leur faible potentiel énergétique, ne sont pas en mesure de remonter vers le canal du Distributeur menant aux Juges. En conséquence, ces âmes peuvent errer dans le monde subtil pendant longtemps. Par conséquent, certains qualificatifs envoient spécifiquement certains Essences-collecteurs pour leur élève afin qu'ils emportent l'âme de leur pupille.

L'essence de ce qui précède est que certains patients peuvent vraiment voir les Essences, envoyées après eux. Mais ce n'est pas l'Essence de la Mort qui vient, mais les Essence-collecteurs d'âmes pour qu'ils ne se perdent pas, ne traînent pas derrière le processus général de prise d'âmes. Autrement dit, cette vision peut être ouverte chez une personne dans certaines circonstances (en cas de maladie grave, de famine et d'autres conditions). Il n'est donc pas nécessaire de parler clairement ici.

Les Essences du Feu
La cause de l'incendie.

Le lecteur. Un immeuble résidentiel de grande hauteur a récemment brûlé à Londres. Est-ce la raison de l'énergie à haute fréquence libérée dans la Terre en relation avec une transition quantique ou autre chose?

La réponse. Les Essences du feu dans leur mini-hiérarchie ont leur propre chef, qui, conformément à la voie de développement choisie par l'humanité, exécute les punitions karmiques prévues par les Programmeurs Supérieurs dans cette version, envoyant leurs Essences-exécuteurs aux objets ou sections correspondants de la Terre. Si les forêts et les steppes brûlent, c'est la purification de certains territoires par le feu.

Le lecteur. Quels types de créatures sont des entités ardentes? Dois-je interagir avec eux?

La réponse. Ils appartiennent au type des Éléments Terrestres (en tant qu'éléments de l'Eau, de la Terre, de l'Air). N'interagissez pas avec eux, car ils sont dangereux.

Le lecteur. Quel est le danger?

La réponse. En tant qu'États supérieurs, ils ne seront jamais complètement subordonnés à l'homme. Ils l'utilisent généralement et entrent en contact avec lui à certaines fins. Les Élements du Feu peut jouer la soumission, puis commencer à asservir une personne et à la contrôler, en dictant ses objectifs. En conséquence, lorsqu'ils sont fatigués de tout cela, ils peuvent brûler la personne elle-même et toute sa maison. Bien qu'il existe de puissants magiciens capables de rompre le lien entre les gens et les Essences du Feu.

À quel système sont liées les Essences du Feu.

Le lecteur. Les Essences du Feu sont-elles liées au Système négatif du Diable?

La réponse. Les Essences du Feu appartiennent au Système neutre. Ils remplissent des fonctions à la fois positives et négatives, n'appartenant qu'aux mondes physiques. Lors de la transition vers le plan subtil, ils sont transformés en d'autres états énergétiques.

Les Essences du Feu captent les âmes des gens.

La lectrice. J'ai un mari et il m'a raconté une histoire qui lui est arrivée il y a environ 15 ans.

Une fois qu'il était assis avec des amis et buvait, ses amis ont commencé à le plaisanter et à le supplier, disent-ils, montrez-nous

81

quelque chose !!! Il a serré ses mains et ses mains se sont allumées, il y a eu un vrai incendie, mais il n'a pas brûlé (il n'y a pas eu de brûlures), après quoi son mari était très malade. Je voulais préciser que mon mari est sensible aux énergies, il sent ses paumes. Mais je ne pouvais pas comprendre la véritable essence de ce phénomène.

Peut-être que de cette façon, on lui a dit quelles capacités il avait et dans quelle direction se déplacer, c'est-à-dire essayez de traiter. J'ai proposé d'essayer de le soigner, mais il n'a montré aucun intérêt pour cela.

La question Mais peut-être y a-t-il une autre raison à l'apparition du feu? Peut-être que ce pouvoir de pensée fonctionne? Aidez-moi à comprendre

La réponse. Nous pouvons supposer que l'avenir de l'âme de votre mari est lié aux Essences du Feu, qui élèvent de telles âmes pour leur Système. Le feu est causé par le pouvoir de la pensée. L'apparition du feu n'a rien à voir avec les propriétés du traitement. Ce sont des qualités complètement différentes. Son âme le comprend, il n'est donc pas intéressé par le traitement.

L'ESSENCE DE L'ÊTRE

Le lecteur. L'Essence, l'Être, l'homme transforme son cadre de vie. Et comment la Nature transforme-t-elle mentalement son habitat, en pensant?

La réponse. La Nature avec tous ses processus est inaccessible à l'esprit humain, car elle n'a pas encore compris ce que représentent son Univers et son Cosmos. En fait, le Cosmos n'existe pas dans le sens où une personne le représente à un moment donné. Que dire des espaces multidimensionnels dans lesquels réside la Nature. Elle organise de nombreux espaces à la fois dans leur interconnexion complexe de tous les processus. La moindre inexactitude dans cette interconnexion peut entraîner une explosion de n'importe quel volume mondial et la mort de tout ce qu'il contient. Et cela parle de la majeure partie de ces connaissances colossales que la Nature doit posséder pour remplir ses fonctions.

Où est l'homme dans l'Essence de l'être.

Le lecteur. "... la forme d'être peut être considérée comme une Essence indépendante." (Loi de l'Existence, p. 213) Pouvez-vous expliquer un peu l'Essence de l'Être? Sommes-nous constructivement au sein de cette Essence?

La réponse. L'humanité est dans cette Essence de l'Être. Similaire à la façon dont les pléiades de microbes existent parfaitement dans l'Essence de l'homme. L'homme est aussi l'Essence. Il crée pour eux un cadre de vie confortable ou défavorable. En même temps, les microbes ne soupçonnent même pas, en raison de la bassesse de leur intelligence, dans quel organisme ils existent. Tout est similaire dans les mondes micro et macro.

Les Essences du Temps

Le lecteur. Une personne vivant dans le présent peut repenser certains moments de la vie dans le passé et tirer des conclusions pour elle-même si elle a agi ou non dans une situation donnée. L'Essence du temps peut-elle repenser les événements qu'elle contrôle, déclenche? Je pense - non, elle suit un programme strict, amenant des événements, des Essences, des processus en mouvement, ne pouvant pas analyser ses processus passés. La mise en œuvre correcte de ses actions sera analysée par les Essences supérieures du temps.

La réponse. Vous comprenez correctement les informations sur l'Essence du temps. Cette Essence est une substance législative et, par conséquent, elle se déroule strictement selon le programme.

Le lecteur. L'Essence du temps est-elle libre? Je pense que puisque toutes les essences du temps sont différentes dans le type de composite qu'elles ont dans la matrice, elles ont une part de liberté dans la Hiérarchie du temps.

La réponse. L'Essence du temps n'a aucune liberté et a un être complètement différent. Elles évoluent différemment de l'homme ou de l'Essence de Dieu. Par conséquent, Elles ne sont pas comparables dans leurs voies de développement.

Le travail de l'Essence de l'Unité.

Le lecteur. Veuillez expliquer ces points de la «Formation de l'Âme»:

La question "Par conséquent, l'Essence de l'Unité est à la traîne de la pupille d'un individu ou si elle ne fait pas son travail d'assurer les liens normatifs, cela entraînera la suppression de l'environnement par les deux et un certain nombre d'autres conséquences négatives. Bien sûr, l'aide nécessaire sera fournie pour rétablir l'équilibre, mais les deux coûts les Essences en retard devront alors compenser. Il est très important que le développement des formes spiritualisées et des Essences de l'Unité se fasse en accord les uns avec les autres. " - Cela peut arriver à une personne, et si oui, pouvez-vous donner un exemple?

La réponse. Les Essences de l'Unité sont sur un plan invisible, il est donc impossible pour une personne de juger de leurs activités. Nous devons évaluer uniquement les actions de la personne comme étant bonnes et mauvaises. Par exemple, un jeune homme aimait une fille. Il l'a regardée de près pendant longtemps, mais il n'a pas osé établir certains liens, et à ce moment-là, la fille a établi une relation avec une autre personne. C'est-à-dire que l'Essence de l'Unité du jeune homme en question n'avait pas le potentiel énergétique pour les relier à des liens plus forts que de donner à la fille un regard. Il n'avait pas non plus la détermination de l'inviter à un rendez-vous et de donner des fleurs, c'est-à-dire de faire le premier pas vers le rapprochement.

Le premier choix devrait être fait par une personne (pas l'Essence), car un individu positif a la liberté de choix, et l'Essence de l'Unité devrait déjà le relier davantage aux situations du programme général et de leurs futurs hologrammes communs. Si l'individu est négatif, c'est-à-dire qu'il n'a pas le choix, alors l'Essence de l'Unité relie immédiatement fermement le programme de la personne avec le programme de son choix, car son essence de l'unité a un plus grand potentiel énergétique de connexions et elle (l'Essence de l'Unité) agit également sur un programme rigide. Par conséquent, conformément au programme, cette Essence de l'Unité peut tout aussi rapidement rompre la connexion entre eux.

La Loi de l'ordre.

Le lecteur. Vous avez donné la Loi de l'ordre, de la distribution et de la systématisation dans les Lois de l'Univers.

La question. Quelles autres sous-lois des distributions voulons-nous savoir, outre la distribution par capacités potentielles, par qualités structurelles, en recherchant un objectif spécifique, la distribution par fonction d'un plan subordonné?

La réponse. Il est nécessaire de comprendre d'abord les Lois proposées de l'Univers dans toute sa diversité et de voir leur manifestation dans la vie réelle, puis, dans la 6e course, les personnes ayant des capacités paranormales ouvriront elles-mêmes de nos livres toutes les options et sous-points qui existent dans toutes les Lois.

Les Essences du Karma

Le lecteur. Dans Vos livres et dans les livres d'autres auteurs ésotériques, le karma est mentionné. Il y a un karma positif - recevoir quelque chose de bon pour de bonnes actions, et il y a un karma négatif - recevoir une punition pour des atrocités. Les Essences du karma se développent-elles sur les matrices des êtres ou sur des matrices spéciales? L'âme humaine peut-elle se transformer en une matrice de karma à partir d'un certain stade d'évolution dans les mondes à énergie subtile?

La réponse. Les Essences du Karma sont une direction spéciale de développement, d'innombrables années existantes, c'est-à-dire qu'elles sont apparues bien avant notre Dieu. Pour travailler comme une telle Essence, il faut connaître un grand nombre de Lois et sous-lois de développement, ainsi que rester constamment dans la pratique de leur mise en œuvre. Par conséquent, une personne ne peut pas devenir l'Essence du Karma également parce que celles-ci ont une matrice d'un type complètement différent de celui des personnes, et son composite n'est pas comparable à l'humain.

Le lecteur. La même essence du karma peut-elle être impliquée à la fois dans l'octroi de certains avantages à une personne vertueuse et dans la punition d'un pécheur? Autrement dit, peut-il participer alternativement aux processus positifs et aux processus négatifs? Ou y a-t-il une séparation dans la hiérarchie du karma: certains ne participeront qu'à récompenser les bonnes personnes et d'autres aux mauvais châtiments?

La réponse. Dans la Hiérarchie du Diable, le karma est absent, mais dans la Hiérarchie de Dieu il existe. Les Essences du Karma se réfèrent à la direction neutre de la progression législative, par conséquent, Elles surveillent également la mise en œuvre des Lois positives et négatives du développement.

L'essence du Chaos.

Le lecteur. L'Essence du Chaos du premier Niveau peut-elle être incarnée dans le monde humain? Si cela est possible, quelles propriétés posséderait-elle sur la Terre?

La réponse. L'Essence du Chaos existe dans tous les mondes, y compris dans notre physique. Mais avec nous, elle n'a pas la forme d'un homme. L'essence du Chaos est un état rationnel spécial qu'une personne ne voit pas. Elle ne peut observer ses activités que dans certains endroits. L'Essence du Chaos, par exemple, réside dans le vide. Elle donne une liberté totale aux particules qui y sont contenues, elles se déplacent au hasard et où bon leur semble dans le volume qui leur est alloué. Les particules dans le vide reçoivent la pleine volonté. Mais l'Essence du Chaos ne détruit rien dans le vide, car les particules y sont encore sous l'influence d'autres lois. Et l'Essence du Chaos, étant respectueux des lois, n'a pas le droit de les violer.

Il faut dire que l'Essence du Chaos est un État de développement très hautement spiritualisé. Elle fait référence aux Systèmes de construction législative qui construisent des mondes. Par conséquent, l'Essence du Chaos en termes de développement est beaucoup plus élevée que le monde physique entier, les planètes et les étoiles. Par rapport à elle, une personne est trop misérable, elle ne peut donc en aucun cas être incarnée dans la forme matérielle d'une personne.

Mais, étant dans n'importe quel monde, il a des fonctions différentes. Il peut détruire ce qui est dépassé, et peut contenir certains éléments en toute liberté (comme un vide), mais sans les libérer au-delà des limites qu'il établit. Il n'agit que de façon régulière et n'affecte jamais rien de superflu de sa propre initiative.

L'Essence du Chaos a une triple construction, comme toute âme, elle est trinitaire. La partie négative de celui-ci casse et détruit tout, et la partie positive traite du maintien d'autres particules, éléments, états. Il y a également une partie Administrative.

Le lecteur. À quoi pourrait ressembler une personne très développée, dont la tâche est de tout détruire au hasard? Quelles qualités en soi une personne hautement développée de la Terre devrait-elle accumuler pour pouvoir la traduire sous la forme de l'Essence du Chaos?

La réponse: Ici, nous posons des questions sur la présence possible du Chaos sous la forme d'un homme. Mais à partir de l'explication ci-dessus, il est déjà clair que l'Essence du Chaos, en raison de son très haut Niveau de développement, et donc de son puissant potentiel énergétique, ne peut pas être incarnée dans le corps humain, elle le détruira avec son potentiel, et donc, après cela, elle ne pourra pas remplir les fonctions qui lui sont assignées.

Quant à la forme de l'Essence, elle peut être appelée de manière simplifiée son volume. L'Essence du Chaos sur la Terre est dans un état tel qu'il reste invisible pour l'homme, bien qu'il puisse observer les résultats de son action à partir d'un plan subtil. Elle est dans une dimension différente de l'homme.

Si nous parlons de la destruction non systématique, cela ne s'applique qu'à l'homme. C'est lui, en vertu, pourrait-on dire, de sa stupidité qui détruit tout à sa guise, ne soupçonnant aucune conséquence ou violation des lois. L'Essence du Chaos, car il se réfère à des états intelligents hautement organisés, détruit uniquement ce qui lui est indiqué d'en Haut ou ce qui est inclus dans son programme, il effectue toute la destruction conformément à la loi et au système, car il doit être détruit afin qu'il puisse être utilisé dans une existence future du monde. Et donc elle détruit tout selon une certaine méthodologie, connue d'elle seule.

Quant à la conversion de l'âme humaine sous la forme de l'Essence du Chaos, cela est impossible. Sur la Terre, une personne ne pourra pas accumuler de telles qualités, car l'humanité a d'autres objectifs de développement, ce qui signifie qu'elle aura toujours des programmes qui dirigent son âme vers le développement d'autres qualités que celles de l'Essence du Chaos. Mais même si nous supposons que cela est possible, alors pour cela il doit devenir une Essence législative, ayant accumulé une certaine connaissance du monde afin de pouvoir répondre de la construction des mondes. Et pour atteindre le Niveau de développement d'une telle Essence du Chaos, un terrien devra passer par l'amélioration de plusieurs autres hiérarchies, en plus de l'humain, tout en se développant strictement dans certaines qualités, principalement les qualités de destruction et de contenu.

Aucune Essence législative n'est pas cultivée de l'âme humaine, car l'humanité a d'autres objectifs.

Les Déterminants peuvent-ils être des Essences du contrôle?

Le lecteur. Lors de vos contacts avec vous, Dieu a dit que les Déterminants pourraient subir un développement dans des mondes similaires à Terrestres, c'est-à-dire qu'ils devraient avoir une matrice de Créatures. Mais la loi du Contrôle dit que les Déterminant sont les Essences de cette loi, ce qui signifie avec la matrice des Lois. Le type de matrice n'est pas crucial pour le développement de la personnalité?

Il y a un souhait - une proposition (peut-être pas la première) de votre lecteur - de faire un film selon votre scénario. De cette façon, les informations seront diffusées plus rapidement. C'est laborieux, très cher, mais peut-être qu'il y a des sponsors qui peuvent comprendre à quel point c'est important?

La réponse. Vous avez mal compris quelque chose dans nos informations. Les Déterminants ne peuvent pas être les Essences de la Loi du Contrôle, car Ils sont beaucoup plus faibles en développement (les Essences du Contrôle). Les Déterminants ne contrôlent que l'exécution d'une personne par son programme. Ce contrôle peut être comparé au contrôle des mêmes parents ou enseignants terrestres à l'école. Et les Essences des Lois ont déjà franchi le stade de l'Absolu, ont un grand pouvoir et contrôlent les processus globaux de notre Univers. Personne ne peut leur désobéir - Ils sont si puissants. Et les instructions du Déterminant, les signes envoyés par Lui, que chaque personne ne prend pas en compte, c'est-à-dire désobéissent à cause de la liberté de volonté qui lui est donnée. Mais pour cela, le Déterminant punit son élève. Il y a plus de relations libres entre le Déterminant et l'étudiant, et une personne positive a toujours le choix.

L'âme d'une personne peut-elle devenir l'Essence de l'Harmonie.

Le lecteur. En évolution, l'âme humaine peut tôt ou tard, en accord avec Dieu, choisir la voie de développement de toute autre Essence? Je veux dire ce qui suit: Vous écrivez que toute âme est initialement prévue pour être utilisée dans certaines fonctions et une certaine orientation de qualité. Mais cela est compréhensible: par exemple, pour développer l'œil d'une personne, une cellule est nécessaire; pour que l'oreille se développe, d'autres, etc. Mais en général, l'âme humaine peut-elle être reconstruite pour devenir, par exemple, l'Essence de l'harmonie, si l'âme aime davantage cette direction de développement?

La réponse. Un certain pourcentage d'âmes humaines est prélevé afin qu'elles puissent choisir à un moment particulier de leur développement ce qu'elles préfèrent. Ce pourcentage forme le concept de «nouveauté», c'est-à-dire qu'ils ajoutent le leur à l'ancien. Pour eux, il existe une "Loi spéciale des Néoplasmes". Ce n'est qu'ici que l'âme humaine est capable de créer quelque chose de nouveau pour le système mondial dans lequel elle existe. Mais au départ, dès son apparition dans le monde, l'âme humaine ne peut s'engager sur la voie du développement des Essences Législatives.

L'Essence du Temps et de l'Harmonie. Qui a plus de chance.

Le lecteur. Dans notre Univers, il y a des âmes qui se développent selon des programmes rigides et invariants. En ce qui concerne les personnalités que notre Dieu passe pour un développement ultérieur dans le système négatif du Diable, alors au moins nous pouvons dire qu'elles sont elles-mêmes responsables de ce qui s'est passé: elles avaient le choix: faire le bien et accumuler des énergies positives ou faire le mal et polluer leur âme avec des déchets d'énergie. Mais alors perdre leur liberté de choix, tombant sous le contrôle de l'Hiérarque Négatif.

Mais il y a, par exemple, les Essences du temps. Après tout, ils se développent d'abord selon des programmes rigoureux, privés de liberté de choix, bien qu'ils ne soient coupables de rien. Et parallèlement à eux, il y a l'essence de l'harmonie, avec à la fois la liberté de choix et la capacité de s'engager dans la créativité. Autrement dit, ne s'avère-t-il pas que quelqu'un dans notre Univers peut porter moins de chance dès le début, et quelqu'un de plus?

Par exemple, l'essence même du temps a été privée de toute liberté de choix dès ses premiers jours. Et certains d'entre eux, peut-être, ne veulent pas s'engager dans les tournants des programmes des autres, mais rêvent de devenir les Créateurs de leurs mondes. Et quoi, leur liaison servile à la hiérarchie du temps ne sera que parce que l'Univers a besoin d'interprètes incontestés?

La réponse. Il est incorrect de comparer différentes formes de vie dans l'Univers selon un critère, car leurs formes d'être ne sont pas comparables. Une personne ne peut être comparée qu'à une personne, puisque son être détermine certaines règles de comportement. Les Essences du Temps ou de l'Harmonie ont une forme d'existence complètement différente, dont l'homme n'a aucune idée. Même la forme d'être des Essences du Temps ne peut être comparée à la forme d'être des Essences de l'Harmonie, car les processus de développement eux-mêmes ne se correspondent pas à tous égards. Dans notre Univers, chaque forme vivante a initialement ses propres objectifs spécifiques, et il est difficile pour tout le monde au début du chemin de se développer, car le meilleur et l'élimination du pire ont lieu, et à partir d'un certain Niveau de développement, ils atteignent tous une existence prospère au sein de leur propre être. Toutes les formes de vie ne suivent jamais le même chemin, chacune est individuelle et une personne est apparue dans l'Univers tout récemment, en comparaison avec les Essences du Temps, de l'Harmonie et du Chaos. Autrement dit, les trois dernières formes existaient d'innombrables années avant l'homme, alors que son être n'était pas encore. Il a été créé pour les Terriens lorsque notre planète avait besoin d'un homme.

LES LOIS
La matrice des Lois et des règlements.

Le lecteur. J'ai une question sur la matrice du droit. "Une loi - une cellule. Et cette cellule divise sa structure en une grille de cellules avec une certaine tonalité de qualité", est écrit dans le livre "Structure énergétique de l'homme et de la matière" (p. 147). Il s'avère, par exemple, la «Loi de l'Intégrité Unifiée» - c'est une cellule, et dans la grille de cellules se trouvent les qualités de cette Loi qu'elle produit - l'unité, l'intégrité, l'infini, l'harmonie, etc. Ou y a-t-il des sous-lois de cette Loi dans cette grille?

La réponse. Chaque Loi n'a pas de cellules, mais ses propres Hiérarchies, qui ont un certain réseau de connexions avec d'autres Hiérarchies de Lois. Il s'agit d'un réseau complexe de tissages. Par exemple, le corps humain a un système nerveux, circulatoire, lymphatique, etc. Tous se développent d'eux-mêmes et sont étroitement liés les uns aux autres.

Le lecteur. À chaque incarnation de l'âme, la matrice des Lois est remplie de nouvelles lois auxquelles l'âme doit obéir?

La réponse. La matrice des Lois, initialement réunie avec l'âme humaine, est évolutivement plus ancienne qu'elle par au moins 2-3 Hiérarchies de son propre développement. Il contient déjà toutes ces Lois que l'âme humaine commence à peine à maîtriser. Par conséquent, une personne ne peut personnellement rien lui offrir de nouveau. Au contraire, la matrice des Lois contrôle selon les règles qui y existent si l'action effectuée par une personne est conforme à ses exigences. Elle se développe d'abord d'elle-même, puis elle est autorisée à diriger l'âme humaine.

La Loi «Loi d'Intervention»

Le lecteur. La «Loi d'Intervention» dit: «... L'Intervention est la mission de protéger les autorités des Essences de Haut Niveau et est utilisée dans les cas extrêmes. Pour que l'intervention ait lieu, les institutions Administratives Inférieures rendent compte de la situation à la direction supérieure et, avec le nombre requis de voix "Pour" ou "Contre"e, refuse de modifier le programme ou accepte de faire des changements. Après cela, l'ancien programme individuel s'arrête, la situation est réévaluée ... et un accord est conclu, la base sur laquelle la "personne perdue" reçoit de l'aide pour continuer à s'améliorer ... "Combien de fois pendant le passage de 100 niveaux, les Supérieurs peuvent" intervenir "et orienter cet individu sur la bonne voie de développement?

La réponse. Cette disposition sur «l'Intervention» dans leur sort ne s'applique pas aux célibataires. Cela ne s'applique qu'à certaines grandes communautés, peuples, mondes, etc. Par exemple, lors de la bataille sur l'arc d'Orel-Koursk, une bataille de chars a eu lieu. Du coup, les chars allemands ont tous calé en même temps. En conséquence, les Russes ont gagné. Dans ce cas, il y a eu une «l'Intervention» d'étrangers qui ont tourné le résultat de la bataille vers la Russie. Mais cela a été fait comme indiqué d'en Haut, dans le but de la victoire de la Russie dans la Seconde Guerre mondiale. Chez une personne, «l'Intervention» est remplacée par la direction prévue de son développement et des actions correctives après chaque réincarnation à travers la compilation de nouveaux programmes pour la prochaine vie. Après sa mort, le programme de la vie est examiné à la Cour, et les Supérieurs décident comment corriger les erreurs passées pour un individu donné et où les diriger dans le développement dans la prochaine incarnation.

La découverte de propriétés chez l'homme à l'aide du livre "Les Lois de l'Univers".

La lectrice. Je n'osais toujours pas t'écrire. Mais si vous avez du temps libre et que vous le désirez, vous me répondrez peut-être. De nombreux miracles se sont produits dans ma vie que je ne décrirai pas afin de ne pas prendre votre temps. Mais une chose ne me donne pas de repos et je n'ai vu aucune description d'un tel phénomène nulle part. Après avoir lu Les Lois de l'Univers, parfois, en me réveillant le matin, sans ouvrir les yeux, j'ai commencé à voir une vue inhabituelle! Des rayons lumineux se déplaçant vers moi. Des cercles ressemblant à des cercles sur l'eau d'un caillou abandonné, au centre des cercles se trouve un rayon épais. Ces cercles croisent des rayons encore subtils. Quand je me réveille pendant les rêves, quelques rayons supplémentaires sont ajoutés, mais je ne me souviens pas dans quelles directions. Et le mouvement est plus intense. Tout est très précis, comme en infographie. Je voudrais savoir: est-ce que je vois cela avec mon troisième œil? Et dois-je en quelque sorte développer cela? Ou s'il est donné, il se développera de lui-même. Parfois, des voix apparaissent encore dans la tête: - masculin, féminin. Des bouts de phrases, des mots. Je ne peux pas saisir le point. Qu'est-ce que c'est? J'ai peur de développer quelque chose en moi, car J'ai lu que vous devez tout payer. Et j'ai très peur de perdre des êtres chers. Il y a eu beaucoup de morts dans ma vie. Cependant, je comprends que tout se déroule selon le programme. Je serais très heureux si vous me répondiez. Un grand merci à vous pour votre travail! De la santé à vous et à vos proches!

La réponse. Les gens nous écrivent souvent sur de telles choses qui leur sont arrivées après avoir lu les "Lois de l'Univers". L'énergie de ce livre est capable de percer le canal de communication avec le monde Supérieur à toute personne, surtout si elle est également soutenue par sa foi. Sans aucun doute, vous voyez des cercles avec des rayons avec votre troisième œil - la vision astrale. Vous devez le développer, car lui-même ne se développera pas, mais ne peut que se fermer. Si vous voulez améliorer cette vision, vous devez d'abord vous débarrasser de la peur, qui ne vous dérangera que. Et si vous pouvez y faire face, même avec cela, alors l'inclusion fréquente du troisième œil contribuera progressivement à votre développement à cet égard. Les paiements pour la découverte de la vision astrale ne suivront pas, si vous l'ouvrez vous-même, avec votre travail acharné. Ne payez que ceux qui, sans faire le moindre effort, ouvrent ces capacités avec l'aide de quelqu'un. Par exemple, de nombreux médiums pratiquent désormais la découverte d'opportunités inhabituelles chez l'homme. Dans le même temps, les gens les reçoivent sans difficulté, puis les paient.

Comment devenir les Essences des Lois.

Le lecteur. Comment devenir les Essences des Lois? Sont-ils spécialement préparés pour cela ou est-ce le choix de l'essence Elle-même? Les Lois entre elles sont-elles toutes interconnectées et ont-elles leurs propres hiérarchies? Pouvez-vous nous parler un peu de leur monde, de leur structure (où ils sont situés dans l'espace, ont-ils un côté "quotidien" de la vie, peuvent-ils se reposer comme d'autres créatures)?

La réponse. Tout se fait au choix des Essences, qu'elles effectuent à partir d'un certain Niveau de développement. Les Lois sont associées et existent dans chaque état de vie. Par exemple, dans l'âme humaine se trouve à l'origine une matrice de Lois. Une personne ne la ressent pas, car elle réside dans une autre dimension. Avant d'être réunie avec l'âme d'une personne, cette matrice s'est développée, étant connectée à d'autres états de Niveaux de développement inférieurs à l'âme d'une personne.

La matrice des Lois a complètement dépassé sa Hiérarchie de développement, après quoi elle a été réunie avec la matrice de l'âme humaine. C'est-à-dire que dans son développement, au moins par toute une Hiérarchie, elle doit être supérieure à l'âme d'une personne, ce qui l'aide à diriger tous les processus en elle (dans l'âme). Continuant d'exister dans la matrice humaine, il progresse grâce à la gestion de ces processus, c'est-à-dire que son évolution se poursuit de manière similaire sous toutes les formes vivantes, y compris les volumes mondiaux. Toutes les Lois ont leur propre Hiérarchie individuelle et sont interconnectées par les objectifs de développement Supérieur de notre Univers. Le repos n'existe que dans les mondes inférieurs. Tous les États Supérieurs sont passionnés par leurs activités et en reçoivent plus de plaisir qu'une personne de concerts ou de pique-niques dans la nature. Ils ont une forme d'existence complètement différente, qu'une personne n'entre pas dans l'esprit. Dans leur existence, il n'y a rien de tel que la vie des gens, il n'y a donc rien à même de faire une analogie.

L'Essence de la Loi et ses énergies.

Le lecteur. Dans l'interprétation de l'avant-dernier paragraphe de la Loi du Contrôle est écrit:

«... Dans le même temps, l'Essence du Contrôle apporte à sa portée tout l'éventail des énergies avec lesquelles il doit travailler lors de leurs activités conjointes et ainsi développer de nouvelles qualités.

Pour une personne, cette Essence du Contrôle est le Déterminant. »

La question. En quoi consiste cette étude et quel est le rôle du Déterminant en elle?

La réponse. Le développement de la qualité du contrôle comprend le travail avec certains types d'énergies qui font partie du programme humain. Autrement dit, si le programme fixe le temps pour certaines qualités, alors le programme inclut également les énergies qui les produisent. Par exemple, sur les énergies de l'amour ou les qualités de prendre soin d'autrui, une telle qualité de contrôle ne pouvant plus se développer, des énergies négatives seront nécessaires. L'apport d'énergie à toute situation est déterminé par le Déterminant de cette personne.

Le Déterminant, prenant un étudiant pour lui-même, pour la conduite de son programme reçoit immédiatement tous les types d'énergies qui sont données à Son étudiant pour étude.

* * *

CHAPITRE 4
LE TEMPS. LES PROGRAMMES. LES SITUATIONS

Le temps et les caractéristiques de son travail.
Les programmes.

Tout dans l'Univers et spécifiquement dans notre univers fonctionne, vit sur des programmes. Une personne ne voit pas ces programmes, cependant, selon le travail rythmique des planètes de notre système Solaire, selon les biorythmes de tous les êtres vivants sur terre, selon le changement de jour et de nuit, le changement des cycles temporels de la nature: hiver, printemps, été, automne et bien plus encore, il a la possibilité d'observer l'action ces programmes dans le monde autour de lui.

Chaque créature vivante sur notre planète, la plante et l'homme lui-même se développent également selon des programmes qui spécifient les cycles de leur développement, la durée d'une incarnation et l'interaction avec certains états vivants et l'absence de connexions avec d'autres. Même à l'intérieur d'une personne, tout fonctionne selon les programmes. Par exemple, son âme se développe selon un programme qui passe par la réincarnation, le corps physique se développe selon le programme du code génétique.

Chaque organisme a son propre programme de développement, et ces programmes doivent être séparés du programme par lequel une personne vit sur la Terre. Chaque cellule de son corps a son propre programme, et les atomes et les molécules qui composent ces cellules vivent et agissent selon leurs mini-programmes. C'est-à-dire que l'existence de l'homme lui-même sur la Terre se compose de nombreux programmes différents, généraux et particuliers, se connectant au bon moment lorsque l'on travaille pour un objectif spécifique, et se déconnectant également à un moment spécifique. Les modalités de connexions et déconnexions (assimilation et dissimilation) sont également fixées par les programmes.

Mais il ne suffit pas de dire que des programmes existent et contrôlent absolument tout sur la Terre et dans l'Univers. Nous devons également comprendre que derrière ces programmes se trouvent les Êtres Supérieurs avec le Supramental, qui Leur permettent de diriger et de réguler tous les processus dans notre Univers, le Système Solaire et à l'intérieur de chaque créature vivante et objet inanimé créé à partir d'une matière d'un certain type à travers des programmes.

Il faut être conscient du pouvoir, du pouvoir de leur Esprit, qui a mis au point un système aussi étonnant de gérer toutes les choses vivantes et non vivantes comme les programmes. Et ce que nous ouvrons dans nos livres à nos lecteurs n'est qu'une petite partie, les bases du début de la gestion, qui est ouverte à la compréhension de l'homme à l'heure actuelle. Bien sûr, la fierté et l'arrogance d'une personne peuvent l'amener à ne pas accepter un tel système de gestion du monde matériel, continuant à se considérer comme le principal et le plus puissant dans les espaces de notre Cosmos, mais c'est le dogmatisme et l'ignorance qui peuvent fermer son chemin vers l'existence éternelle, l'obligeant à terminer son voyage dans le monde terrestre.

Mais nous continuerons notre connaissance du monde et, en particulier, du système de contrôle caché à l'œil humain. Nous répondrons à une autre question informative de notre lecteur. Il demande: "En **quelle langue les programmes de vie humaine sont-ils écrits pour son âme?"**

Plus largement, sa question est la suivante (nous nous intéressons également au raisonnement des lecteurs, car ils aident à voir dans quelle direction une personne oriente ses pensées, en étudiant un sujet).

Le lecteur. «Dans le monde humain, les programmes informatiques sont écrits dans différentes langues. Par exemple, le langage BASIC était autrefois courant. Il représentait (en particulier) des commandes informatiques sous forme de mots anglais, auxquels des caractères étaient parfois ajoutés. En conséquence, le programme dans ce langage lui-même consistait en commandes logiquement interconnectées à partir de symboles de mots et d'opérations numériques de calcul.

Question Quels sont les principaux éléments des programmes qui décrivent la vie de l'âme pour la prochaine incarnation? "Dans le monde subtil, il existe également de nombreux langages de programmation, ou est-il" Là "seul?

La réponse. Les programmes constituent le nombre et l'énergie de différents Niveaux. Il n'y a pas de langage spécial "Là", bien que les nombres, les énergies puissent être appelés un langage spécial, si nous les comparons avec notre humain ordinaire. Dans le programme * tout est construit sur des énergies et des impulsions, également de différents Niveaux. Le temps "T, t" (le symbole)*, qui contrôle lui-même la diffusion du programme de développement de l'âme et sa présence dans la prochaine incarnation d'un monde, lui donne un mouvement dans le développement des situations, des événements, des processus. Le temps est la chose principale dans l'inversion des événements de la vie et leur arrêt, ainsi que tout le reste. Chaque personne reçoit un programme individuel * de son amélioration, en tenant compte de toutes les caractéristiques de son développement personnel et de ses incarnations passées.

Tous les programmes sont étroitement liés et un échec dans un programme individuel peut, pour cette raison, entraîner de graves conséquences en général et, par conséquent, entraîner des violations de l'ensemble du programme de la Terre.

Le début de chaque programme spécifique d'une personne en «travail» est le moment de sa naissance dans ce monde. Le programme de vie est construit à partir de situations, et toute situation est une image de la vie quotidienne ou d'un événement social. Dans le programme, ces événements sont exprimés schématiquement par des points. Tous les points sont divisés en principaux, importants pour une personne, qu'il ne peut éviter et secondaires, qu'une personne peut traverser ou ne pas participer à leurs événements.

Le programme et les points de contrôle.

Le lecteur. Les points d'arrêt du programme coïncident-ils toujours avec le karmique?

La réponse. Reportez-vous à la figure 1 (figure 1). Rappelons que les points de contrôle du programme expriment les événements de la vie d'une personne qu'elle traverse nécessairement et qu'il est impossible de les éviter. Toutes les situations de la vie dans le diagramme sont exprimées par des points (le nom conditionnel de la situation dans le diagramme est le point de programme). Les principaux points de contrôle du programme sont K; C; M; H; W (Fig.1).

Les points secondaires ne sont pas les événements principaux de la vie d'une personne, que l'individu peut ne pas réussir. S'il y a un choix dans le programme, certaines variantes d'événements restent non sélectionnées par un individu, donc il ne passe pas par de nombreuses situations secondaires sur ces variantes et n'en sait rien.

Les points de contrôle peuvent inclure à la fois des événements d'extraction de karma et de nouvelles situations de vie. Ces derniers sont donnés pour la progression de l'âme et le raffinement des anciennes qualités à la perfection, ainsi que pour le début de l'acquisition de nouvelles qualités. Au point de situations karmiques, une personne peut parfois à nouveau avoir le choix. Pour cette raison, il peut recommencer ses erreurs. Dans ce cas, ses actions s'accompagnent de l'accumulation de qualités négatives stables.

Le lecteur. Dois-je penser correctement - veuillez vérifier - comme un examen. Le programme d'une personne est formé avant la naissance sur la base d'une vie passée. Le programme comprend des jalons (événements qu'une personne doit réussir et qui ne peuvent être évités). À certains points de contrôle, une personne fait un choix (le Déterminant envoie une impulsion à travers son cerveau central vers la salle, et l'impulsion est transformée en désir: la personne a un certain désir au moment du choix et il choisit le chemin qui lui est préférable en fonction des qualités accumulées dans le passé).

La réponse. Rappelons que les chemins sont différents dans leur base qualitative: il y a un chemin optimal (chemin 2), positif (chemin 1) et négatif (chemin 3). Deux chemins (chemin 1 et chemin 2) sont en contact aux points de contrôle (K, C, M, H), bien qu'il puisse ne pas y avoir de points d'intersection (Fig. 2). Si une personne a choisi l'un des chemins, le suit jusqu'au point de contrôle suivant. Il y a des points mineurs (il n'y a pas de choix de situations sur eux). Il n'y a presque pas de points de choix sur la route secondaire, jusqu'au prochain point de contrôle ou point mort "y", tout se passe strictement selon le programme si vous choisissez un certain chemin (chemin 1 ou 3).

Fig. 1 FRAGMENT DU PROGRAMME AVEC TROIS OPTIONS DE DÉVELOPPEMENT.

E - impasse

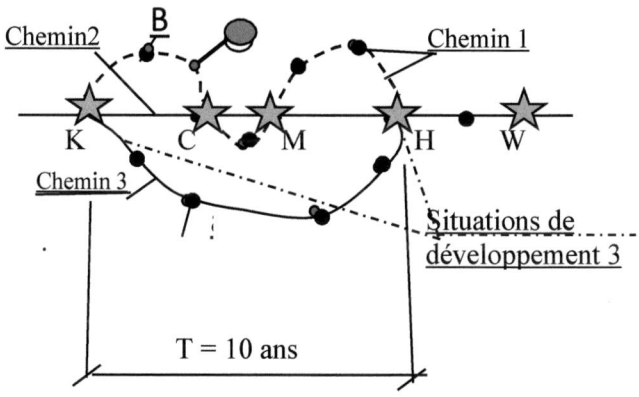

Fig. 1 Différents modes de vie dans un même intervalle de temps.

Fig. 2 Fragment du programme avec trois options pour des chemins de développement qui ne se croisent pas entre eux.

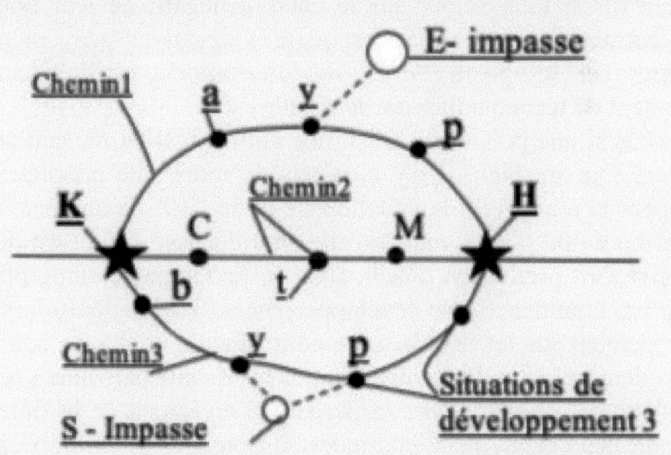

Fig. 2. Trois options de chemins de développement

Sur le chemin positif, il y a des points auxiliaires ("y", Fig. 1) contenant un choix, une personne peut choisir ce qui va lui couper la vie. C'est une impasse. Mais l'homme lui-même fait un choix. Autrement dit, l'une des situations peut conduire à la dégradation et, par conséquent, pour éviter que cela ne se produise, le point de choix «y» transforme les événements en impasse, ce qui coupe la vie d'une personne, l'empêchant ainsi de se dégrader.

Sur le chemin optimal (Chemin 2), il y a aussi des points secondaires (C, t, M), ainsi que sur le négatif, mais le chemin 3 est difficile et avec des problèmes pour que la personne comprenne qu'elle a fait le mauvais choix et qu'il n'était pas conseillé de prendre ce chemin.

Sur le chemin négatif 3, le point «y» secondaire peut également conduire à une impasse (il est donné à une personne durement, car les enseignants positifs ne voulaient pas que leur bon élève emprunte le chemin négatif depuis longtemps et acquière des qualités négatives)*, c'est-à-dire la mort dans une impasse sur le chemin négatif, il suit déjà un programme difficile, donc l'individu n'est plus volontairement, mais par l'impulsion de son Déterminant, dans une impasse, où il doit mourir. Et cela vient déjà à la demande d'Enseignants positifs, qui craignent qu'un long séjour sur le chemin négatif de leur bon élève puisse entraîner sa perte, car les qualités négatives peuvent un jour l'emporter sur les positives. Et Ils interrompent artificiellement le recrutement de leurs qualités par leurs élèves.

Mais si une personne choisit une autre situation menant au point "p", alors tout ira bien, il n'y aura pas de mort, elle continuera à se développer et à arriver à la situation du point "M". Si une personne se voit attribuer 300 points, mais qu'elle en a dépassé 150 et est décédée, ce dernier s'est produit en raison d'une sorte d'impasse similaire à "y". Elle n'a pas commencé à se développer, mais s'est longtemps arrêtée en développement sur les acquis, ou a commencé à chuter de son niveau au précédent, se dégradant ainsi. Supposons qu'une personne s'intéresse au football au lieu d'atteindre la perfection en jouant de la flûte ou en effectuant des calculs mathématiques. Il pouvait être emporté par des voyages inutiles et y passer tout son temps libre. Et de telles actions pour son Niveau de développement sont assimilées à une dégradation. Il accumule le karma, et dans la prochaine incarnation de nombreuses situations lui seront répétées, mais elles seront dirigées selon un programme strict, le forçant à perfectionner la qualité qu'il a commencée à la perfection. Autrement dit, il n'aura que le chemin 1, sans aucun choix. Ce sera également optimal.

Si l'individu passe les 300 points à la fin du programme et meurt, ce dernier se produira car tous les chemins mènent non pas au point de contrôle suivant, mais à la fin du programme.

Le chemin de développement optimal dans le programme.

Le lecteur. À propos du point de contrôle du choix du chemin de travail associé au chemin optimal.

Supposons que je doive être un éditeur de texte pour la version optimale du programme et que je la sélectionne. Mais comment peut-il être optimal si je ne sais pas comment former des pensées, des mots, etc. d'une certaine manière. Si je peux faire quelque chose, et que la compétence vient des réalisations de vies passées ou est inscrite de manière rigide dans le programme, pour ainsi dire, "gratuitement", alors Je vois. Et si cela dépend des acquis scolaires et collégiaux? Après tout, les gens ne comprennent pas le développement cohérent et, par conséquent, ils ne seront pas en mesure d'éduquer les enfants, d'enseigner avant de maîtriser et de ne pas enseigner selon le calendrier scolaire, où sont peintes les heures allouées pour telle ou telle étude du sujet. Il s'agit d'enfants qui veulent apprendre, mais qui ne comprennent pas comment, car il n'y a pas de base pour comprendre. Qu'est-ce qui donnera à mon Déterminant lorsque je commencerai à donner aux Supérieurs l'ensemble optimal d'énergie lors du choix de la voie du milieu, car je n'aurai pas un éditeur de texte adéquat? Après tout, cela ne dépend pas de la façon dont l'Enseignant présente le sujet, mais de la façon dont je l'apprends.

La réponse. L'homme ne peut pas se développer sans erreurs. S'il n'a pas de base qualitative de concepts, il ne pourra jamais choisir le chemin optimal, car son inclusion nécessite le potentiel énergétique d'une âme d'une certaine taille. Par conséquent, si la puissance de l'âme est inférieure à l'indicateur d'énergie qui est capable d'activer le chemin optimal, alors elle fera un choix dans la direction de l'option d'erreur, le chemin 3 (Fig.2). En plus de l'optimal, une personne a deux autres façons: une positive (secondaire à l'optimal), qu'elle traverse, acquérant de l'expérience et «remplissant des cônes», mais suivant des principes positifs; et l'autre option est négative (chemin 3), dans laquelle il mettra égoïstement son «je» en premier lieu, et dans votre exemple d'un éditeur de texte - détruisez les textes personnels de l'auteur, en les remplaçant par ses corrections incorrectes qui déforment le sens de l'auteur.

Par conséquent, une personne avec un petit pouvoir de l'âme doit acquérir l'expérience de la vie à travers de grandes difficultés à comprendre les informations des autres et à se souvenir de l'exactitude des textes de construction de personnalités de Niveau supérieur qu'elle doit éditer. Cependant, ils peuvent ne pas avoir les compétences d'un écrivain, auquel cas l'éditeur doit prendre soin de corriger leurs textes sans changer le sens de la phrase, en se souvenant qu'une virgule, un mot peut introduire une telle distorsion que la découverte se transformera en information dangereuse. Il nous arrive donc que le rédacteur en chef doive éditer des individus élevés (manuscrits de professeurs et docteurs en sciences, etc.). Si l'éditeur doute de la justesse de la préservation du contenu sémantique du texte de l'auteur, il vaut mieux laisser tout comme l'écrit l'auteur, inchangé. La progéniture sera intéressée par le sens correct, et non par l'exactitude de la grammaire, car elle (la grammaire)* change tous les 30 à 40 ans dans la société. Et souvent, ce qui est maintenant reconnu comme une erreur, après 30 ans, sera considéré comme la bonne déclaration.

Cependant, c'est la voie pour le développement ultérieur de l'éditeur: il s'améliore sur les textes des autres. Il est important de lui donner une grande variété d'options pour que la personne présente ses pensées dans sa vie actuelle. Autrement dit, l'éditeur est toujours conceptuellement lié à une langue vivante et moderne, ce qui, en conséquence, entraîne de grands progrès de son âme s'il comprend la présentation de style des textes et les compare les uns aux autres. La pratique de la vie est le meilleur professeur. Seuls des efforts doivent être faits dans la bonne direction du développement.

Le programme et la situation

Le programme est composé de situations qui forment des événements de la vie, en fonction du stade de développement d'une personne afin qu'elle gagne séquentiellement les types d'énergie dont elle a besoin. Les situations correspondant au Niveau de développement humain sont sélectionnées par les Enseignants Supérieurs. Parmi les situations, il ne peut y avoir aucune inutile, inutile. Chacun enseigne quelque chose à une personne. Pour compiler les situations, les programmeurs ont des invités et des normes standard. Tout a longtemps été développé et mis aux normes. Les programmeurs doivent choisir les situations qui peuvent donner à l'âme l'ensemble maximum d'énergies de qualité.

Le programme de vie, introduit dans les constructions subtiles de la personnalité, représente des codes énergétiques calculés en tenant compte de l'efficacité de chaque choix. Ces codes correspondent aux situations dans lesquelles se trouvent ces types d'énergies que l'âme doit traiter avec des corps subtils et collecter les types d'énergies nécessaires dans la matrice. C'est-à-dire qu'en regardant le programme, le Déterminant voit cette zone d'espace, en interaction avec laquelle l'âme peut obtenir les énergies dont elle a besoin, mais pour leur traitement, des énergies pour des actions de nature différente sont nécessaires.

Le programme principal est écrit dans le corps causal, mais en même temps, chaque coquille reçoit son propre programme individuel en fonction des types d'énergies avec lesquelles elle travaille par nature: le corps énergétique astral travaillera avec le spectre astral, le corps énergétique mental avec le spectre mental du Niveau de développement de cette personne, etc.

Par exemple, le corps astral a besoin d'un type d'énergie pour traiter les énergies astrales et d'un autre type d'énergie pour un autre type. L'âme, sur la base de l'impulsion qui vient de son programme, choisit la voie ou la situation qu'elle juge la plus appropriée pour elle-même. Entrant dans des situations réelles, elle traite les énergies d'un événement donné à travers les émotions, les sentiments, la pensée du corps d'énergie mentale en types d'énergies spécifiques, en les remplissant de cellules de sa matrice.

Toute situation, en tant qu'événement de la vie, se compose des énergies que l'âme doit développer en matrice. Mais une situation contient des actions auxquelles différentes âmes peuvent réagir de manière opposée, ce qui fait que le corps produit des énergies de types opposés. Une personne perçoit des énergies avec des obus temporaires, puis des constantes. Mais pour la perception, une énergie d'un type et d'une quantité différents est envoyée, cela dépend du potentiel énergétique de l'âme et du corps. L'énergie est transformée à travers le corps physique conformément aux qualités qu'une personne doit acquérir en traversant des situations de vie en l'énergie requise par elle dans le programme. Ainsi, dans une situation de perception de faibles énergies de nature sexuelle, l'énergie pénètre dans le corps astral depuis le chakra inférieur pour son travail. Mais cela ne suffit pas, les énergies de la coque astrale doivent correspondre aux énergies données de la situation. Avec la résonance des énergies de la situation avec les énergies dans les coquilles minces, une personne a des désirs d'une nature différente. Au milieu du corps se trouvent les chakras, dont l'énergie passe par les canaux aux bons endroits dans le corps: l'énergie des sentiments et des émotions pénètre dans le corps astral, l'énergie de la pensée pénètre dans le corps mental et l'énergie des actions - dans le corps physique, dans ses organes. De plus, les chakras fournissent de l'énergie pour les actions, pour le travail du corps matériel, jusqu'au travail des atomes et des molécules, leur fournissant l'énergie dont ils ont besoin.

Il faut se rappeler que chaque situation contient des actions pour la génération de tous les types d'énergies (y compris les énergies d'opposition) nécessaires aux personnes participant à cet événement. Par conséquent, différentes personnes d'une même situation, selon leur choix, ne tireront pas la même énergie: l'une gagnera des énergies positives, la seconde - négative, et la troisième, inactive, ne gagnera rien. **L'essentiel pour générer de l'énergie n'est pas l'impulsion envoyée par le Déterminant, mais le choix, la décision de la personne elle-même, à laquelle elle (la personne) vient après avoir reçu l'impulsion.**

Apporter une punition rapide à la situation.

Le lecteur. L'énergie est fournie à une personne pendant une journée à partir du stockage d'énergie, ou de son égregeur, et une quantité strictement définie. Combien d'énergie le Déterminant peut-il prendre pendant le passage de l'étudiant à l'ensemble du programme?

La réponse. Le Déterminant peut prendre autant d'énergie pour son élève que son pupille a besoin pour terminer son programme. Premièrement, pendant l'incarnation primaire et l'utilisation de son disciple (lorsque l'élève arrive pour la première fois à son Enseignant Céleste), le Déterminant dépense l'énergie qu'il a lui-même en réserve. Mais alors, le Maître Céleste, en règle générale, essaie de faire des accumulations supplémentaires d'énergies différentes pour l'avenir pour chaque vie de sa paroisse. Ce sont des énergies pures produites par une personne dépassant la norme. Ils ne disparaissent nulle part et ne se dispersent pas dans l'espace, mais sont déposés par le Déterminant dans le magasin personnel de l'élève, dans son propre égrégore. Les surplus d'énergie de toutes les incarnations passées y sont collectés. Et quand la vie d'une personne se termine, toutes ses accumulations sont transférées vers la vie suivante.

Le lecteur. Et s'il n'y a pas assez d'énergie pour traverser la situation, le Déterminant prendra-t-il de l'énergie supplémentaire pour la situation? Et peut-il être que cette situation se produira après la vie terrestre, c'est-à-dire après la mort d'une personne, sur le plan subtil. Dans ce cas, vont-ils compliquer la situation de sa vie?

La réponse. Si un certain type d'énergie ne suffit pas, le Déterminant le prend à l'égereur général de l'humanité ou de cette nation, comme à crédit. Mais après un certain temps, Il doit restituer l'énergie prélevée de la même qualité et quantité. Parfois, afin de développer l'énergie de la qualité prise, l'étudiant est transféré dans une situation à travers laquelle il produit cette énergie pour la prochaine vie. Si une grande quantité est requise, une situation similaire est doublée ou triplée. Mais ils peuvent les porter non pas pour une vie, mais pour deux ou trois subséquentes.

Le développement des situations n'est pas transféré au plan subtil après la mort, car dans le monde subtil il y a un être différent et d'autres situations d'existence, il n'est donc pas capable de produire les énergies que l'individu doit produire dans le monde terrestre sur le plan subtil. Mais tout ce qui est pris des égregeurs communs par le Déterminant revient nécessairement.

Le lecteur. Les hologrammes d'une personne peuvent-ils changer tout au long de la vie? Il n'y a pas de programme, mais si vous changez les hologrammes? Autrement dit, vous êtes dans une situation, et sa solution affiche soit l'hologramme «A» soit l'hologramme «B». Un hologramme peut-il changer, et si oui, alors comment sera-t-il substitué au programme, en plus de l'hologramme avec de nouvelles actions? Probablement, un hologramme est sélectionné pour le programme de vie sur la base de ce que l'individu devrait recevoir et donner sous forme d'énergie?

Beaucoup de questions se posent ici.

Si le programme de développement de l'énergie, que le Déterminant a donné à sa salle en raison du gaspillage de ses surplus au cours de sa vie, est-il possible d'améliorer le programme? Mais si vous ne donnez pas d'énergie supplémentaire, il ne pourra pas atteindre la fin du programme? Peut-être pour éviter que cela ne se produise, les Supérieurs doivent entrer dans une situation supplémentaire pour qu'il puisse exécuter son programme avec dignité? Dans cette version, cette situation supplémentaire s'intègre-t-elle avant la naissance ou seulement après que le Déterminant a pris l'énergie du magasin?

Après tout, une personne reçoit de l'énergie pour la vie. Un exemple. Un homme répare un tracteur et dépense beaucoup d'énergie. Cette situation en termes de consommation d'énergie a été incluse comme une variante de son développement, c'est-à-dire que les Supérieurs ont déterminé à l'avance la quantité d'énergie à donner aux mouvements dans le travail. Mais une personne peut-elle dépenser encore plus d'énergie que prévu pour les réparations, si elle est lente par nature, pas rapide? Si je comprends bien, lors de la détermination de la consommation d'énergie dans une situation, les programmeurs regardent le composite* de l'âme et sur la base de celui-ci essaient de comprendre combien d'énergie il peut dépenser. Après tout, les dépenses dépendent de la nature de la personne et des qualités du programme. Une personne optimiste a besoin de tant d'énergie et une personne mélancolique a besoin d'une quantité différente et de plus de temps.

La réponse. Le développement de la quantité d'énergie requise provenant de leurs stockages peut se faire en compliquant les situations de la vie elles-mêmes, pour lesquelles de l'énergie supplémentaire a été prise par le Déterminant.

Les situations peuvent devenir plus compliquées à la fois dans la vie réelle et dans les suivantes en raison du passage d'événements compliqués en présence, par exemple, d'une maladie. C'est une chose quand une personne effectue un travail sain, et une autre chose lorsqu'elle est malade, en faisant de même avec le dernier effort. De plus, si une personne a pris le mauvais chemin que les Supérieurs souhaitent, elle peut immédiatement être punie après avoir fait le mauvais choix en incluant la situation de punition (Fig. 2, chemin 3, impasse "I").

Les Maîtres Célestes prévoient ce mauvais choix. Et à la suite d'une maladie ou d'une punition, l'étudiant donne beaucoup d'énergie, ce qui couvre immédiatement sa dette énergétique pour une erreur qui a causé ses mauvaises actions ultérieures. Autrement dit, la situation «I» sera très difficile pour lui. Mais s'il réussit à surmonter toutes les difficultés, alors les Supérieurs lui donneront l'opportunité de terminer son programme dans cette vie, lui ouvrant une sortie de l'impasse "I" - c'est un mouvement vers l'événement "p". C'est-à-dire que les Supérieurs prévoyaient que l'individu pourrait surmonter cet événement, pour lequel il pourrait être encouragé à poursuivre le voyage de sa vie. Ils ont prévu une telle possibilité et introduit au préalable le chemin de sauvegarde dans le programme de l'étudiant - le chemin «I-p» (Fig. 2). Mais s'Ils n'aimaient pas la façon dont l'étudiant traversait la situation du «je», alors ils n'auraient tout simplement pas ouvert la voie au salut pour lui et, dans cette impasse, l'individu aurait mis fin à sa vie et il n'aurait pas achevé le programme jusqu'à la fin.

Pour Eux, il était important d'encourager une personne à lui apprendre à gérer les difficultés, et Ils l'ont fait - Ils lui ont ouvert la voie pour continuer à se développer, après avoir auparavant planifié une sortie d'urgence de l'impasse - «I-p». Ainsi, dans le programme de la vie et, par conséquent, dans les hologrammes sur le plan subtil, les variantes supposées du développement des événements peuvent d'abord être introduites.

Si les Supérieurs décident de transférer les dettes énergétiques à la prochaine incarnation, alors Ils compliquent l'étudiant à une ou même plusieurs situations de la vie ultérieure. La complication est due à l'introduction de souffrances physiques et morales d'une personne en situation.

Dans la souffrance, une personne libère beaucoup plus d'énergie que dans le cours normal des événements. Cet excès d'énergie produit par lui et couvre sa dette énergétique.

Toutes les options possibles sont programmées dans un hologramme à partir des économies de coûts dans sa construction. Par exemple, l'option de passer une situation par une personne en bonne santé ou un patient ne nécessite presque aucune construction supplémentaire dans l'hologramme. Si la situation se produit dans une vie future, certains détails peuvent y être ajoutés pour compliquer le programme. Une décision complexe implique également l'intellect d'une personne et ses sentiments, ce qui contribue à une augmentation de l'énergie produite par elle, par rapport à l'énergie qu'il produirait dans un état calme.

En créant des options pour passer les chemins de développement dans les hologrammes, les Enseignants Célestes insèrent des situations distinctes dans chaque variante du chemin, qui sont le résultat du bon choix ou du mauvais, de sorte qu'une personne apprenne à comprendre: quand elle empire après les actions, alors elle a fait une erreur quelque part, et si de bonnes situations encourageantes s'ensuivent, alors le choix qu'il a fait est correct.

Cependant, il est important de distinguer la punition d'un Système positif et les récompenses pour une action incorrecte d'un Système négatif. Un Système négatif empêchera l'individu de prendre les bonnes mesures, et s'il fait le bon choix, il peut l'entraîner dans une série d'échecs. Ainsi, le Système négatif essaie de confondre une personne, de l'intimider, ses méthodes sont anciennes.

Pour éviter toute confusion, il est important pour lui d'apprendre à comprendre quelles actions sont positives et conduisent à Dieu, et lesquelles sont négatives et plaisantes au Diable. Dans toute situation, il est nécessaire d'attirer des connaissances sur le bien et le mal, le bien et le mal. Et à un Niveau supérieur, la connaissance des lois du développement, du progrès et de la régression d'un individu devrait être impliquée dans l'évaluation de ses actions, et ces lois dans les systèmes d'opposition seront différentes, comme on dit, **ce qui est bon pour un système, puis mauvais pour un autre.**

Le comportement humain est le même. Une personne moderne utilise seulement 5-6 types de programmes, il n'est donc pas difficile pour les Programmeurs Supérieurs de prévoir tous les styles possibles de son comportement. Par conséquent, le Programmeur, en composant un nouveau programme pour la vie d'une personne, sait à l'avance quelles options devraient correspondre au Niveau de développement d'une personne donnée, quelles erreurs il peut faire et, en conséquence, quelles punitions ou incitations un individu devrait inclure.

Tous ces développements sont standards, calculés et prévus dans les moindres détails de Ceux qui composent les programmes. (Cela équivaut à la façon dont une personne peut pré-calculer les mauvaises actions de ses jeunes enfants, en les protégeant, par exemple, de l'eau bouillante sur une cuisinière, d'un couteau sur une table, de l'électricité dans les prises, etc.)

Pour les Supérieurs, il n'y a pas d'actions humaines imprévisibles. Bien que certains Programmeurs novices puissent faire des erreurs. Cependant, chaque chose a ses propres particularités, nuances, qui peuvent retarder le résultat attendu par les Supérieurs d'une personne.

Ainsi, afin d'enseigner une indépendance individuelle positive, on lui donne un pourcentage misérable de liberté de choix, qui forme une individualité en chaque personne - la capacité de construire son propre chemin de formation unique, différent des autres, mais même dans ce pourcentage misérable, une personne parvient à faire des erreurs et à faire le mauvais choix, le conduisant à dégradation, qui, à son tour, indique sa position basse dans la chaîne évolutive globale.

Le programme et les points de contrôle.

Le lecteur. Les points de contrôle coïncident-ils toujours avec ceux karmiques?

La réponse. Les points de contrôle peuvent inclure à la fois des événements d'extraction de karma et de nouvelles situations de vie. Au point de situations karmiques, une personne peut parfois à nouveau avoir le choix. Pour cette raison, il peut recommencer ses erreurs. Dans ce cas, ses actions s'accompagnent de l'accumulation de qualités négatives stables.

Le lecteur. Le programme d'une personne est-il formé avant la naissance sur la base d'une vie passée? Comprend-il des jalons, c'est-à-dire des événements qui ne peuvent être évités avec un choix de voie de développement? Une personne fait-elle un choix uniquement aux points de contrôle? Et qu'est-ce qui pousse une personne à choisir une impulsion énergétique provenant du Déterminant? Transforme-t-il (impulsion) * en désir *? On ne sait pas comment l'impulsion affecte l'élève? Une personne a-t-elle un désir au moment du choix, ou le désir est-il envoyé immédiatement par le Déterminant? Je voudrais clarifier beaucoup.

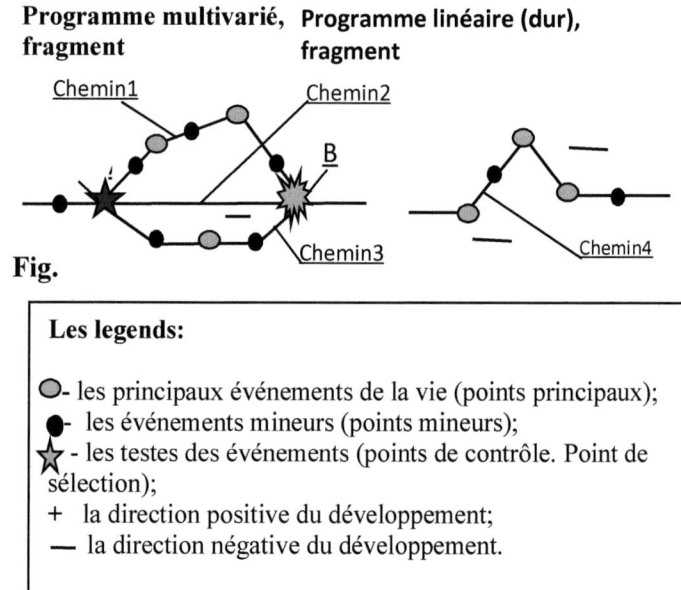

Programme multivarié, fragment

Programme linéaire (dur), fragment

Chemin1   Chemin2

B

Chemin3   Chemin4

Fig.

Les legends:

⬭- les principaux événements de la vie (points principaux);
●- les événements mineurs (points mineurs);
☆ - les testes des événements (points de contrôle. Point de sélection);
+   la direction positive du développement;
—   la direction négative du développement.

La réponse. Oui, le programme est compilé par l'homme avant sa naissance dans le monde terrestre et est enregistré sur la membrane causale. La base du programme repose nécessairement sur la vie passée d'une personne et son karma, ainsi que les dettes énergétiques (comme un échec à accomplir quelque chose dans le passé). Pour tout cela, un certain tracé de l'être est compilé. Mais une personne se voit nécessairement donner des situations pour apprendre quelque chose de nouveau ou pour marquer de nouvelles qualités, de sorte qu'il y a une tendance générale pour son âme à progresser.

Les schémas de programmes pour les personnes peuvent être très différents. Dans la figure 3, nous proposons 2 types de programmes: un fragment d'un programme multivarié de Dieu avec le choix d'une personne et un programme du Diable linéaire, autrement rigide, qui ne contient pas de situations de choix. Sinon, ce programme est également appelé linéaire. Tous les événements s'y déroulent séquentiellement et personne n'est impossible à éviter. Un homme est obligé d'accepter tout ce qui est inscrit dans son destin, sans avoir un moment de choix.

Les options de chemin dans un programme positif sont: optimales (figure 3, chemin 2), positives (chemin 1) et négatives (chemin 3). De nombreuses variantes des trajectoires se touchent aux points de contrôle (Fig. 3, A, B). Si une personne a choisi l'une des options pour les chemins, elle doit la suivre jusqu'au prochain point de contrôle. Il y a des points secondaires, des événements non principaux de la vie (parfois un choix de situation peut également se produire sur eux: Fig. 2, événement «y»). Cependant, c'est extrêmement rare. Les points mineurs ne peuvent pas être passés du tout si l'option avec eux n'est pas choisie par une personne. Une personne doit passer par tous les points de contrôle et aller jusqu'au dernier point de contrôle de son programme. Après avoir choisi le chemin, l'individu va également plus loin strictement selon le programme.

Sur le chemin positif, il y a différents points, différentes situations que l'individu ne peut pas changer et ne peut que participer. Les gens qualifient ces événements de fatidiques (Rock, Fortune).

Mais parfois, afin de vérifier en outre une certaine qualité d'une personne sur une version séquentielle du cours des événements, l'un des points secondaires peut introduire un choix qui conduit une personne du côté de la régression. Le choix dans le sens de la dégradation est fait, mais les Supérieurs ne lui permettent pas de se dégrader et le fait simplement sortir du cercle de la vie, le menant à une impasse menant à la mort.

On ne permet pas à une personne de se dégrader, car la dégradation détruit bon nombre des bonnes qualités d'une personne acquises dans le passé, et il est difficile de les restaurer. Cela nécessitera plusieurs incarnations, un grand gaspillage d'énergies différentes. Par conséquent, il est plus facile pour les Supérieurs de faire sortir l'étudiant du cercle de la vie que de s'engager dans sa restauration.

Il y a aussi des points secondaires sur le chemin négatif, mais là le chemin s'écoule durement et la personne n'est pas autorisée à descendre en dessous du Niveau de développement qu'elle a atteint. Cette condition est déjà définie par les Enseignants Supérieurs positifs pour les programmeurs. Cependant, la chose principale lors de la compilation de programmes et de l'inclusion de divers événements de la vie dans le programme d'une personne est l'exigence de transférer une personne à un Niveau supérieur aussi rapidement que possible et de ne pas la laisser tomber en dessous de ce qu'elle a déjà accompli. Il est également important pour les Enseignants que l'élève essaie de réussir avec la dépense minimale de Leurs énergies pour sa vie. Ceci est réalisé par des âmes diligentes et travailleuses, pour lesquelles elles sont encouragées dans la prochaine incarnation avec quelque chose de bien, la soi-disant vie heureuse.

Bien sûr, chaque Déterminant a du mal à aider son élève et donne quelques indices avant même la situation difficile de l'avenir: quand, par exemple, un élève regarde un film, il fixe son attention sur un événement et une personne commence soudain à penser, que quelque chose comme ça pourrait lui arriver. Dans ce cas, les gens disent parfois: "Il s'est attiré un événement négatif", mais ce n'est pas le cas. Cet individu pouvait intuitivement prévoir une sorte de mauvais événement dans son avenir et bien percevoir les signes de son Déterminant, fixant son attention sur l'événement qui l'attend dans le futur. Et souvent, une personne parvient à le réussir avec succès, car elle envisageait sérieusement ce qu'elle ferait dans une situation similaire. Le Déterminant peut également donner des signes dans un rêve, montrant déjà ouvertement que l'élève est dans une situation désagréable.

Lorsqu'elles prennent des décisions dans des situations difficiles, certaines âmes ne sont pas guidées par les désirs, mais par l'expérience de leur propre vie ou l'expérience des autres. Ils peuvent prendre comme base dans leurs pensées à la fois les héros de leurs œuvres préférées et les employés au travail. Il y a tellement de films autour de nous, tant d'histoires dans les magazines, les théâtres, sur les écrans de télévision. Et tout cela ne doit pas divertir, mais aider les autres à acquérir une expérience de vie. Alors maintenant, les gens ont où et de qui apprendre pour prendre les bonnes décisions.

Le travail des organes humains dans les programmes.

Nous passons à la question suivante du lecteur:

Le lecteur. «Le livre« La Terre est une planète qui pense» on dit qu'une personne au cours de son activité physique produit l'énergie de la vie et, ainsi, est capable, en maintenant la vitesse de sortie des chronons * de la matière de sa coquille physique, de prolonger ainsi sa vie. Mais le corps lui-même dépense ses ressources pour effectuer ce travail, sa propre régénération.

La question. Comment est la ligne à laquelle l'équilibre des déchets d'énergie commence à prévaloir sur sa production? Est-il possible de s'appuyer sur les sentiments d'une personne, par exemple, pour se concentrer sur le fait que la fatigue s'accumule, et qu'il n'y a pas la joie de faire de l'activité physique, qui apparaît quand elle gagne, par exemple, lors de compétitions, ou est-elle déterminée d'une manière ou d'une autre?

La réponse. Tout cela est réglementé par des programmes. Chaque organe et système du corps (nerveux, circulatoire, lymphatique et autres) ont des programmes privés de leur existence, associés au programme général de la vie humaine, qui définit la durée des situations, la vitesse et le nombre de particules de temps dans une journée.

La durée de vie totale d'une personne est définie d'en Haut par le programme, de sorte que l'expiration des chronons, même de chaque organe, est calculée à l'avance par les programmeurs Supérieurs. (Pour cela, Ils ont des tableaux de calcul spéciaux des dépenses, des vitesses et de leur régulation.)* Le nombre de chronons inclut les tolérances (plus, moins) dans de petites limites.

Lorsque le corps consomme plus de chronons que la quantité autorisée, une sensation de fatigue apparaît, qui signale à une personne le besoin de repos. Oui, c'est souvent la sensation de fatigue qui indique que l'énergie résiduelle l'emporte sur la limite d'énergie initialement allouée à une personne pour la vie.

La durée de vie et le programme.

Le lecteur. Ce qui détermine combien d'années une personne vivra sur la voie optimale du développement, par exemple, on peut vivre 40 ans, et les 90 autres. Cela dépend probablement de l'environnement et de la liberté, comme dans les années 1990, où la liberté a conduit à la dégradation de la jeunesse . Et, peut-être, la durée dépend aussi du fait qu'une personne est sujette à la dégradation ou non? Ceux qui sont nés dans les années 90 ont probablement une courte espérance de vie dans le programme?

La réponse. L'espérance de vie est associée à la tendance de l'âme à la dégradation ou au progrès, ce qui signifie la perte d'énergie ou leur utilisation et accumulation utiles dans l'âme. Les Supérieurs composent le programme afin qu'une personne accumule autant d'énergies que possible au cours d'une incarnation au coût minimum des énergies qu'elle lui a allouées pour la vie et le développement.

La progression de l'âme consiste en l'acquisition par l'âme de nouvelles énergies ou une augmentation du nombre d'énergies disponibles acquises plus tôt.

La dégradation est la perte d'énergies acquises lors de réincarnations passées*, leur réduction quantitative.

La durée de vie accrue pour une jeune âme est un gaspillage supplémentaire d'énergie vitale, souvent en vain, si une personne s'arrête dans le développement à partir d'un certain moment. Par exemple, de nombreuses jeunes âmes meurent de la vie à 19-25 ans, 27 ans en raison du fait qu'à l'école, elles acquièrent certaines connaissances qui leur sont utiles, et si elles continuent leur vie, elles commencent à se dégrader complètement, car elles ne savent pas comment Vivez bien et ne voulez pas apprendre quelque chose d'utile. Par conséquent, ils sont nettoyés jusqu'au début de la dégradation, c'est-à-dire jusqu'au moment où ils commencent à gaspiller toutes les choses utiles qu'ils ont réussi à économiser jusqu'à 20 ans à l'école, à l'école ou ailleurs.

Leur sortie prématurée de la vie est une sorte de prévention contre la dégradation et le gaspillage d'énergie. Après tout, une personne sera obligée de retourner les déchets vides plus tard conformément à la loi du karma. La dégradation, la régression sont prêtes à détruire toutes ces accumulations utiles que l'âme a réussi à faire à un âge précoce.

L'OBJECTIF DANS LE PROGRAMME

Le lecteur. Vous écrivez: "Un nouveau module, prévu dans le programme de développement de la personnalité et orientant la personne vers une nouvelle direction du développement, une fois calculé, est conçu en tenant compte de l'accomplissement par une personne des fonctions que son âme doit remplir dans le système d'évolution de tout le Volume commun de la Nature*.

(Plus tôt, nous avons signalé que chaque âme sur la Terre est créée dans le but spécifique du développement d'une certaine partie de la Nature, par exemple, pour aider l'un de ses organes, le système de soutien de la vie, et pas seulement créé pour lui-même. Le moindre est toujours créé pour aider le plus grand, pour le renforcer , mises à jour, etc. pour l'aider.)*.

Et dans cette union, ils constitueront leur objectif de développement commun. C'est l'objectif commun dans ce maxi-volume de la Nature qui fixera des tâches particulières pour l'individu, l'âme individuelle, et déterminera le calendrier de leur mise en œuvre. Par conséquent, les modules d'énergie insérés dans le programme orienteront l'Essence*, en tant qu'âme unique, vers la réalisation de ces objectifs de vie globaux d'un volume global plus grand et, par conséquent, d'un Niveau de développement de l'âme plus élevé.

Les modules énergétiques connectent ce volume de la Nature avec d'autres volumes similaires d'autres formes de vie qui sont dans le même volume mondial de l'Univers, régulant entre eux les relations quantitatives de consommation de ces moyens de subsistance que possède ce volume mondial de l'Univers.

Toute apparition d'une nouvelle forme de vie dans ce volume global change toutes les énergies quantitatives et souvent qualitatives de leurs relations, lorsqu'elles entrent en action, elles impliquent la substance de la dépendance impulsive, qui est capable d'obéir à l'influence de certaines impulsions de la personnalité, c'est-à-dire qu'il s'avère que «la substance est impulsive la dépendance "contrôle les impulsions soudaines de la nature" de l'homme. Autrement dit, si je

117

comprends bien: «la substance de la dépendance impulsive» ne permet pas à une personne de pécher? Ou le contrôle consiste à lui laisser la liberté de choix? Veuillez clarifier.

La réponse. Le programme d'amélioration est donné à une personne pour une vie, pour une incarnation dans le corps physique, et le contenu du programme de la prochaine incarnation dépend de la façon dont la personne l'exécute correctement et pleinement.

Une personne positive a toujours le choix, par conséquent, il n'y a pas de dépendance complète à l'égard des impulsions reçues du programme (la «dépendance», c'est uniquement pour les personnes négatives). **Mais dans les situations où une impulsion est donnée au point de branchement des choix dans le programme d'action d'une personne, l'individu doit s'appuyer sur sa qualité de maîtrise de soi et non sur ses désirs personnels.**

La qualité de la maîtrise de soi nous permet d'évaluer correctement dans quelle direction l'inversion de l'impulsion apportera plus de bénéfices à l'âme humaine.

Autrement dit, à un faible Niveau de développement, un individu se concentre sur ses désirs et subit donc une dégradation, et à un Niveau de développement plus élevé, en utilisant la qualité de la maîtrise de soi, une personne est en mesure de choisir la plus progressive parmi deux voies de développement normal, ce qui accélère son mouvement vers l'objectif principal.

Pêcher ou ne pas pécher - cela dépend du Niveau de développement humain. Il pèche à de faibles Niveaux et surtout les impulsions ne l'affectent pas, il ne les ressent souvent même pas, mais **à partir d'un certain niveau de développement, il ne peut plus pécher, n'est tout simplement pas capable, et il ne peut même pas être forcé par la force, mais il est enclin à commettre des erreurs.**

Le contrôle ne vient jamais du programme, mais de l'identité de l'individu. À la fin de la cinquième race chez l'homme, cette qualité a déjà commencé à prendre forme et doit être maintenue davantage.

Avec un Niveau de développement suffisamment élevé, la conscience de soi, la maîtrise de soi d'une personne deviennent telles que, en les ayant, elle ne pourra pas, par exemple, en frapper une autre, la blesser, elle ne sera pas capable de trahison et de trahison, elle ne peut pas être en retard au travail, et il vaut mieux venir une heure plus tôt etc. Autrement dit, lorsque vous parlez de péchés, le programme aura de faibles qualités d'une personne, et **si vous considérez un individu de haut niveau, les qualités élevées de son âme y travailleront et son comportement sera complètement différent.** C'est pourquoi le principe de l'éducation et du développement des qualités positives par l'âme est si important dans le développement humain.

Le but qu'un individu atteindra lorsqu'il atteindra le niveau de la nature sera, à mesure qu'une personne s'améliore, constamment transformé. Chaque Niveau a son propre objectif, c'est-à-dire que lorsque l'âme passe d'un Niveau à un autre, son objectif sera transformé. Par exemple, à quoi cela peut ressembler dans le monde terrestre et la hiérarchie de l'Homme. Tout d'abord, aux niveaux inférieurs de cette hiérarchie, son âme maîtrise différents types de mouvements: danser, apprendre à courir vite, skier, patiner, nager, se battre avec les autres et ainsi de suite. Mais lorsque dans le complexe, l'âme reçoit des concepts généraux sur les possibilités de déplacer une personne dans ce monde, elle élève son Niveau et fixe un objectif différent, d'un ordre supérieur, devant elle: l'âme devrait commencer à maîtriser différents types de processus créatifs. Une personne commence à apprendre à sculpter des vases et des sculptures, à coudre des vêtements, à dessiner, à chanter, à construire non seulement des habitations, mais de belles maisons, etc. Dans le même temps, afin de le transférer à un Niveau encore plus élevé, ils commencent à enseigner à une personne un compte, à créer des écrits pour elle et à lui apprendre à écrire des livres, il se voit confier de nombreuses nouvelles professions: tenue de livres, maçons, charpentiers, musiciens apparaissent, l'apparition de l'agriculture donnera à ces personnes des sciences telles que la biologie, la zoologie, les machines et équipements agricoles apparaissent, associées aux mouvements à longue distance à travers la terre et l'air, dans les mers et les océans. La maîtrise des processus créatifs a permis à l'âme de s'élever immédiatement à plusieurs Niveaux. Leur ascension a changé les objectifs de développement: soit l'objectif était de devenir un artiste professionnel (il a fallu plusieurs incarnations), puis il a fallu atteindre le professionnalisme dans la conception des bâtiments et des structures, et cela nécessite également plusieurs vies. Concevoir, créer de la technologie - tout cela est le mouvement de l'âme à différents Niveaux de développement. C'est-à-dire devenir artiste, architecte, inventeur, etc. - c'est le mouvement de l'âme d'un but terrestre à un autre, et en même temps c'est le chemin de l'ascension. Ainsi, les professions de toutes sortes sont des objectifs terrestres transformés par le monde terrestre et la manière d'être humain en actions qui nous sont compréhensibles et permettent à l'âme d'augmenter son niveau de développement de vie en vie. Oui, voici donc un objectif simple et compréhensible pour nous - devenir un constructeur de bâtiments à l'échelle de l'Univers peut un jour se transformer en un objectif de devenir un concepteur d'Univers, de la Nature, d'embellir l'Univers pour créer des conditions favorables et confortables pour l'existence de la même Nature. Mais le travail à cette échelle pour une personne moderne ne sera plus compréhensible en raison d'une maîtrise insuffisante des concepts globaux de l'Univers et des formes de vie Supérieures.

La régulation des buts et l'ajustement des qualités acquises par l'âme se font toujours par un Niveau supérieur. Et pour eux, l'objectif est indiqué par un Niveau encore plus élevé, et donc il descend.

Mais revenons directement à la question du lecteur et à son Niveau de développement. Nous ne devons pas oublier que lors du remplacement de modules, une personne a déjà changé qualitativement, ce qui se passe avec une augmentation du Niveau de son âme; et ce qu'il aurait fait de mal plus tôt, il ne le fera jamais, car en interne, qualitativement, l'individu est devenu complètement différent, et les qualités automatiques ne lui permettront pas de faire le mal.

Une telle personne développe la Loi de l'Interdiction: qui ne permet pas à l'individu d'effectuer certaines actions basses. Cette Loi se développe lorsque l'âme acquiert des qualités strictement définies. Par conséquent, il est si important de chercher à construire un automatisme de l'action du travail de toute bonne qualité. Sur leur base, la Loi de l'Interdiction se forme automatiquement, et avec elle (avec la loi) l'amélioration de l'âme est considérablement accélérée.

LA MATRICE DU TEMPS

Le lecteur. Lorsque vous étudiez des livres sur le Temps, ce sont les questions qui se sont posées. Avec la dégradation de toute Essence, la Matrice du Temps est bloquée comme mécanisme de défense, mais les chronons expirent toujours, rapprochant la finale du programme. Il s'avère que la Matrice du Temps et dans un état bloqué contrôle tous les processus de l'essence, comment est la structure dominante?

La réponse. Les Matrices du Temps et des Lois qui sont directement liées à l'âme d'une personne ne sont jamais bloquées, car ce sont les principales structures gouvernantes de l'âme et, quel que soit le monde et la forme de l'âme, elles fonctionnent toujours. Seuls certains traits de personnalité qu'elle a elle-même acquis au cours des incarnations passées, et qui ne sont pas nécessaires dans cette vie, sont bloqués. Par exemple, dans une vie passée, un homme était propriétaire foncier et dirigeait son domaine, et dans la vie actuelle, il a besoin d'étudier les mathématiques et la physique, et de se concentrer sur ces sciences, il est bloqué par les qualités de gestion passées et il est pleinement concentré sur la compréhension de ces deux sciences.

Des cellules séparées dans des matrices peuvent être bloquées: qualités, concepts, conscience et subconscience, mots. Avec la dégradation humaine, les Essences des matrices des Lois du Temps et autres restent dans l'état dans lequel leur programme de vie planifie, mais au lieu de progrès impliquant l'accumulation d'énergies, le temps enregistre la perte d'énergies humaines, ses déchets, de sorte qu'après la mort, il sera possible de calculer la dette énergétique d'un individu pour une certaine durée. S'ils (dette énergétique)* dépassent une certaine valeur, alors l'âme de cette personne sera envoyée pour décodage, la forçant à pré-régler ces dettes dans la courte vie suivante ou une forme d'existence laide. Dans le même temps, la dégradation n'est pas prise en compte dans une vie, mais dans plusieurs précédentes.

Ainsi, les matrices du Temps, des Lois, des Concepts et autres sont dans toutes les formes de réalisation de l'œuvre. Les matrices elles-mêmes ne se dégradent pas, car elles se rapportent à la base législative de l'Univers. Seules les cellules qui, précisément dans une vie donnée, ne nécessitent pas l'achèvement de la construction d'une hiérarchie de qualité en elles-mêmes cessent temporairement de fonctionner. Mais dans tous les cas, les qualités cachées doivent être complétées à leur Niveau final, de sorte qu'elles continuent de l'être dans les prochaines incarnations. Et la Matrice du Temps surveille activement tous les processus se déroulant à l'intérieur de l'âme. Et lorsque l'âme passe dans le monde subtil, alors elle (la Matrice du Temps)* contrôle le développement sur le plan subtil, en tenant compte du fait que le temps dans la nouvelle matière du plan subtil coulera avec ses propres caractéristiques, changeant la vitesse des processus de développement.

Le travail de la Matrice du Temps chez l'homme.

Le lecteur. La Matrice du Temps. Est-ce que je comprends bien qu'une personne est dans le volume de la matrice du Temps, qui est dans son âme, qui lui permet de bouger et de progresser? Le volume de la matrice temporelle est-il égal au volume du corps astral?

La réponse. La Matrice de Temps couvre toutes les coquilles minces d'une personne et chaque coquille correspond à son propre Niveau de temps. Le corps physique est inhérent au Niveau de temps correspondant aux coquilles matérielles et éthériques; corps astral - le Niveau de temps qui contrôle la coquille astrale; le corps mental est inhérent au Niveau de temps qui contrôle la coquille mentale, etc. En raison de la construction du temps basée sur le Niveau, la matrice du Temps elle-même se développe multidimensionnellement, formant sa propre Hiérarchie, travaillant avec les corps subtils temporaires de l'homme.

Mais les corps énergétiques éternels permanents * ne sont soumis à aucun temps, c'est-à-dire que la matrice temporelle n'est pas en mesure de les contrôler, car les processus énergétiques éternels opèrent dans des corps à énergie constante, et il manque de pouvoir pour les contrôler.

Est-ce qu'on considère des options pendant la Cour
Les programmes.

La lectrice. Si je comprends bien, alors quand une personne fait un choix dans une situation, d'autres options pour elle sont automatiquement fermées et il ne peut pas revenir en arrière jusqu'à ce qu'il atteigne la prochaine situation de choix. Et ici, dans le monde physique, il ne saura jamais s'il a fait le bon choix ou non. Et à la Cour après le décès d'une personne, les Juges analysent les options que l'étudiant n'a pas choisies pour sa comparaison et sa prise de conscience?

Après tout, après la mort, les Juges Suprêmes analysent uniquement les situations accomplies, passées par l'individu. Ou lui montrent-ils encore quoi faire, et quel pourrait être le résultat avec un choix différent? Existe-t-il des critères permettant de déterminer approximativement que le choix a été fait correctement? Pourquoi pousser? (Par exemple, un ami d'un mari boit, bat, etc., a deux enfants. Si vous divorcez, vous allez simplement chez les parents, où le père est un despote et était dans un hôpital psychiatrique (délire de jalousie). Si je comprends bien, les deux situations sont karmiques. Est-ce que ça vaut le coup des deux maux choisissent le moindre?)

La réponse. Après la mort, toutes les options accomplies et non accomplies sont traitées. Ils expliquent le résultat que l'âme reçoit en passant par chacun d'eux. Une personne n'est pas en mesure de déterminer le critère du bon choix. Elle ne s'en rend compte qu'à la Cour. Dans la situation de votre ami, il y a encore des options: louer un appartement et vivre seul, ou même aller dans une autre ville et ne dire à personne votre adresse. Pour faciliter l'apprentissage d'un nouveau lieu, vous pouvez vous rendre chez vos proches ou dans une autre ville pour vous installer au moins dans une auberge (désormais de nombreuses entreprises proposent des résidences temporaires à leurs travailleurs). Il y a toujours un choix.

* * *

CHAPITRE 5
LES BOUCLES DU TEMPS. LE TRAVAIL DES PROGRAMMES
Comment une personne vit et pense selon le programme.

Le lecteur. Une personne vit selon le programme, elle agit: d'abord vient une pensée, une idée, puis elle la réalise à l'aide d'une énergie qui a été abaissée d'en Haut. Et même les idées et les actions négatives qui en découlent sont également programmées et ne circulent qu'au moment du choix d'une personne, selon le degré de sa liberté de choix. C'est-à-dire qu'il s'avère que ce n'est qu'à un certain moment de ma vie que je peux penser et décider quoi faire, et dans d'autres je ne peux pas. Et l'énergie ne m'est donnée que pour la mise en œuvre et la réflexion sur les situations «A» ou «B», et je ne peux en aucun cas méditer sur la situation «C», car elle n'est pas programmée pour moi de réfléchir et de méditer. En conséquence, je n'y pense même pas, et s'il est programmé, alors, en conséquence, je peux y réfléchir.

Je ne comprends tout simplement pas, parce que maintenant je peux penser à n'importe quoi - et en un instant, comme une expérience, essayez de le mettre en œuvre, même si c'est même l'idée la plus incroyable ou la plus folle. Et que se passe-t-il, je l'avais aussi au point de choix, cette idée? Si c'est le cas, alors nous obtenons presque des marionnettes, n'y pensez pas, car il n'y a pas cette option au point de choix. Expliquez, sinon j'arrêterai enfin dans mes pensées.

La réponse. Une personne a le droit de penser à n'importe quoi à n'importe quel moment de son programme de vie. Par exemple, vous pourriez penser, allongé sur le canapé, marchant dans la rue, voyageant en transport, escaladant une montagne ou, coulant au fond de la mer, etc., il y aurait un désir. Et pour cela, il n'a pas besoin de ses points de choix personnels, on lui donne des livres d'art, des films, il peut regarder des pièces de théâtre et à travers le prisme des situations de vie des autres, il peut réfléchir à ce qu'il ferait s'il était dans une situation similaire. Les écrivains, les scénaristes créent leurs œuvres afin d'impliquer une personne dans la réflexion sur les situations de vie des autres, comme la sienne, car tout ce qui arrive aux autres peut lui arriver dans la vraie vie ou plus tard. Grâce à l'analyse des situations de vie des autres, les gens apprennent à penser et à agir correctement. Pas étonnant qu'ils disent: certains apprennent des erreurs des autres, tandis que d'autres apprennent de leurs propres erreurs. L'art, la littérature doivent enseigner aux gens les erreurs des autres afin de faire la bonne chose. Il est obligé de maîtriser le processus de sa propre pensée et c'est pourquoi on lui donne un tel droit, mais la plupart des gens ne l'utilisent pas, préférant vider la contemplation du monde qui l'entoure.

Pour les actions et les pensées, une personne reçoit de l'énergie, généralement pendant une journée, et la façon dont elle va l'utiliser dépend de son choix: l'un conduira autour de la voiture toute la journée pour rien, et l'autre restera assis toute la journée sur le livre et réfléchira à chaque mot de celui-ci. Le premier type de comportement - brûler l'énergie donnée à vie sans bénéfice créera une dette d'énergie karmique. Le deuxième type contribue au progrès humain. L'individu peut faire un choix à tout moment de sa situation concernant les processus de pensée. Mais le programme a des points secondaires et de contrôle. Le choix des points mineurs n'affecte pas les situations de vie ultérieures, par exemple, le choix de la nourriture pour le déjeuner, les rêves de quelque chose, l'écoute de la musique.

Les jalons contiennent un choix qui change les événements ultérieurs de la vie qui affectent son destin, ce choix est donc très important et détermine si une personne progressera ou se dégradera. L'individu dans le programme reçoit un ensemble de désirs, selon le Niveau de son développement, et il fait le choix principal entre les aspirations positives et les aspirations négatives. En conséquence, il reçoit des énergies positives ou négatives pendant une journée, selon les situations de la voie de développement choisie. Et puis dans chacun d'entre eux (à partir de situations), il fera à nouveau un choix entre le positif et le négatif. Mais une personne doit déjà comprendre qu'il y a une séparation des énergies en elle, en fonction des actions effectuées: elle va effectuer une action - elle va produire des énergies positives, elle va effectuer une autre action - elle va générer des énergies négatives.

Le négatif est nécessairement donné lors du choix comme tentation. Seul le choix fait réfléchir et prendre la bonne ou la mauvaise décision.

En ce qui concerne les thèmes de la pensée, on peut dire qu'ils sont donnés à l'homme par les Supérieurs également en fonction du Niveau de son développement. Pourquoi donner quelque chose qu'une personne n'est pas en mesure de réaliser? Supposons qu'un individu rêve de devenir président. Vous pouvez rêver, mais il ne pourra pas le réaliser, car il n'a aucune idée de ce qu'il fera, de ce qu'il faut faire à ce poste. Pour ce faire, vous devez disposer d'une énorme réserve de connaissances vitales sur votre peuple, ses besoins, ses aspirations, vous devez savoir comment résoudre ces problèmes ou d'autres problèmes de politique étrangère, etc.

Autrement dit, l'âme doit être mature, avoir l'expérience appropriée des incarnations passées. Sans son (expérience), on peut transformer la vie d'un peuple en une absurdité totale. (Ce qui se passe dans certains pays qui se sont séparés de la Russie. Ils se sont simplement détruits).

Les rencontres selon le programme.

Le lecteur. Vous écrivez que nous rencontrons ces gens et seulement ceux avec qui notre programme de vie a traversé. Comment est-ce mis en œuvre? La traversée est-elle prévue avant ma naissance? Par exemple, dans quarante ans, je rencontrerai des gens qui sont maintenant en vie, mais dans deux ans, ils mourront et je les rencontrerai dans 38 ans. Il s'avère que l'intersection des programmes avec eux n'est pas prévue avant ma naissance, car ils sont vivants, et je les rencontrerai après leur réincarnation. A quoi ressemble l'intersection dans le programme. Après tout, nous vivons dans des hologrammes. Et nous pouvons être dans l'hologramme seul ou avec des gens, à quoi ça ressemble? Et moi, si je comprends bien, ma rencontre dépend aussi du choix des personnes dans leurs points mineurs.

Supposons que, selon le programme, je puisse choisir parmi trois professions, et j'ai choisi la profession d'homme d'affaires, mais je pouvais créer une entreprise non pas avec un, mais avec un autre gars, mais il a choisi une profession différente - un médecin. Quand il a choisi une profession, il a quitté mon programme? Est-il automatiquement réglementé par le programme? Y a-t-il des coûts énergétiques ou juste un ajustement?

La réponse. Dans la phrase «nous ne rencontrons que ceux avec qui notre programme de vie s'est croisé», il y a un sens énorme que vous ne comprendrez pas. Une personne est un être social, donc, au-delà des frontières de sa famille, elle rencontre de nombreuses personnes qui traversent simultanément les mêmes situations qui restent pour lui des hologrammes vides, car aucune interaction avec elles n'a été prévue pour cette personne selon le programme.

Imaginez une foule de personnes marchant avec cette personne en vacances. Tous participent à cette situation sociale, mais cette personne s'y rencontrera et ne traitera qu'avec les personnes (filles ou amies) qui font partie de son programme. Dans cette foule, il peut avoir des impressions momentanées d'autres personnes, ce qui est également inclus dans le programme afin de provoquer une réaction émotionnelle. Tous les autres milliers de personnes passeront à côté de lui comme des hologrammes vides et, étant rentré chez lui, il les oubliera tous immédiatement. Autrement dit, le programme comprend nécessairement une participation de masse à laquelle une personne devrait participer, ressentant son unité avec les autres ou, inversement, une incompatibilité.

Toutes les réunions, bien sûr, sont planifiées avant la naissance de la personne, et il ne se souviendra que des personnes dont les réunions sont incluses dans son programme et qui l'ont émotionnellement marqué. Il peut s'agir d'artistes, de personnalités négatives, de politiciens et autres, mis en évidence par la conscience humaine, de personnes qu'il admirait ou condamnait. Ils peuvent être éloignés de lui, mais ils influenceront son âme.

L'intersection dans le programme ressemble à une rencontre avec une personne dans un certain endroit et dans une situation spécifique, bien que pour une personne cela puisse ressembler à un accident, il n'y a pas de réunions aléatoires non prévues dans le programme.

Quant à votre phrase, «dans quarante ans, je rencontrerai des gens qui sont maintenant en vie, mais dans deux ans, ils mourront et je les rencontrerai dans 38 ans» - elle est exprimée de manière incorrecte et contradictoire.

Toutes les situations dans le programme d'une personne sont liées au temps à des situations de réunions d'autres personnes, avec une précision de plusieurs secondes. Le temps est un élément de connexion important qui donne la précision de l'exécution du programme. Le programme lie toujours une personne dans l'espace et dans le temps à un seul endroit, ce qui nous permet de fournir les réunions nécessaires. Sans ce lien spatial et temporel, il n'y aurait aucun lien avec les bonnes personnes et un chaos complet régnerait dans le monde. La précision de l'exécution du programme est fournie par les calculs mathématiques des programmeurs.

Les hologrammes se manifestent et ne se manifestent pas. Les hologrammes deviennent apparents au moment où une personne y participe, d'autres options restent non manifestées et invisibles pour lui.

Si une personne choisit une autre version du chemin, la première option pour elle reste invisible et la seconde se transforme en une vraie. Nous vous conseillons de lire le livre "Le rock, le destin ou le rôle du programme dans le développement humain".

Choisir un chemin dans le programme.

Le lecteur. Dans le programme de la vie d'une personne, il y a des situations qui dépendent de son choix, mais il y a des situations qui dépendent du choix d'une autre personne, et elles vont mal pour nous. Si quelque chose est difficile dans ma situation, à quoi cela ressemble-t-il en termes de changement d'hologrammes?

Imaginez ceci, par exemple, comme ceci: disons que je me promène dans la ville et que des hooligans m'attaquent. Pour moi, cette situation est difficile, car elle ne dépend pas de mon choix, mais dépend du choix de l'attaquant. Mais cette situation prend fin et m'amène à une nouvelle situation. Je veux savoir: la prochaine situation dans le programme sera mon choix de l'un des hologrammes entre deux autres situations? Par exemple, après la première situation, je me retrouve dans un hôpital où je rencontre une infirmière, ma future épouse. Ou est-ce toute cette situation, mais étendue dans le temps, car la situation est difficile et ne dépend pas de mon choix? Si une personne m'a attaqué et m'a infligé de tels coups, cela a eu un impact sur le changement de mes hologrammes et le transfert de moi à l'hôpital, ce qui se produisait déjà suite à la réunion précédente. Je suis intéressé par ce moment.

S'il est issu d'un Système d'opposition négatif, il s'avère - est-ce un jalon dans mon programme, et suis-je sur le chemin optimal?

Et si c'est une manière positive? Mais si j'ai été attaqué par un individu d'un système d'opposition positive, cela signifie qu'il a le choix, et si le choix d'un hologramme dépend de ce qu'il a apporté avec lui (un bâton, un couteau, un pistolet), y aura-t-il deux hologrammes dans le programme ou un? À quoi cela ressemblerait-il dans le diagramme? Autrement dit, à quoi ressemblerait ma transition d'un hologramme à un autre? Dépendait-il de ce que l'attaquant avait apporté avec moi?

Mais même s'il ne m'avait pas attaqué, dans l'hologramme, je souffrirais de ce qu'il apportait: un bâton, un couteau, une pierre. Il m'a battu, il s'est peut-être cassé la tête, et avec le temps, j'aurais eu des problèmes avec le fait qu'en 2 ans je serais de nouveau hospitalisé, par exemple. Et si je n'avais pas battu, alors en 2 ans, j'aurais été en bonne santé et je n'aurais plus besoin d'argent pour le traitement.

La réponse. Vous devez rechercher au moins un schéma de programme avec des options pour choisir des chemins (par exemple, Fig.2, ci-dessous). Par exemple, le choix donne trois façons. Les hologrammes sont immédiatement construits sur ces trois options. Et le choix fait commute les événements sur l'un de ces hologrammes en fonction du potentiel de puissance du choix fait. Un choix nécessite une concentration des énergies de l'âme entière, et l'autre nécessite un potentiel trois fois moins.

Si au point de choix, l'attaquant prend le chemin négatif, c'est-à-dire qu'il fait le mauvais choix pour lui-même (si, par exemple, il se révèle également positif), il traverse une situation, la seconde, et dans la troisième, il est également attaqué et sévèrement battu.

Cette situation devient déjà karmique pour lui, car elle est entièrement préparée comme punition pour son mauvais choix, et tout y est pour lui déjà dans le cadre d'un programme strict. Par conséquent, pour ceux qui frappent une personne, il est immédiatement écrit dans leur programme: comment la punir, afin qu'il apprenne à mieux réfléchir et à faire le bon choix. Pour les coupables et pour ceux qui punissent, la situation de la punition est fermement inscrite dans le programme de chacun et personne ne fera de choix.

De plus, selon la loi du lien causal de la situation dans la vie d'une personne qui a mal agi, les événements se développent selon un programme linéaire et rigide. Ce n'est que maintenant que les actions auront lieu sans choix des deux côtés: celui qui a attaqué une personne innocente, et celui qui est nécessairement inclus dans le programme, le punira sévèrement.

Le choix a été fait par l'individu positif deux ou une situation antérieure et, de ce fait, a inclus dans le futur événement la punition de ceux qui étaient censés le battre à l'avenir, par exemple, après 7 ou 10 jours.

Mais si une personne donnée choisit des actions positives au même point de «choix», c'est-à-dire une option positive, comme chemin de son développement positif, puis les hologrammes d'autres situations allumeraient, et non seulement ils ne seraient pas battus, mais pourraient même récompenser quelque chose de bon pour d'autres événements inclus dans cette version du programme. Par exemple, des proches pourraient lui donner une voiture pour son anniversaire, ou ses patrons au travail pourraient lui verser un gros bonus.

Mais une personne a peur des difficultés et choisit donc toujours l'option facile, entrant dans des moments négatifs, c'est-à-dire commettant des erreurs pour lesquelles elle doit immédiatement payer péniblement ou perdre quelque chose dans la vie. Au lieu d'un cadeau - une voiture pour son anniversaire, elle pourrait au contraire avoir un accident et perdre sa vieille voiture, la casser. Très souvent, les événements de la vie d'une personne se succèdent, en récompense de quelque chose de bien commis dans le passé, ou en punition de certaines erreurs, de mauvaise conduite. Par conséquent, tout ce qui se passe dans la vie doit être analysé et essayer de déterminer dans les situations passées, pour lesquelles une punition ou une récompense est venue.

Si un individu apprend à détecter de telles dépendances, il apprendra à gérer en partie son destin et à l'améliorer à sa guise, et ne se transformera pas en son esclave aveugle, entraîné par des tiges. Si une personne veut porter un coup à la tête à l'avenir, alors vous devez essayer de sauver quelqu'un d'autre d'un coup désagréable: un parent, un employé pour le travail, des études. Il vaut mieux prévoir quelque chose qui ne se produira jamais à l'avenir que de permettre au Destin, au Rock, à la Fortune de s'infliger un lourd coup. Nous devons rechercher notre salut par le salut d'une autre personne. Que les bonnes actions l'emportent sur le mal, alors le Destin sera favorable à tous.

L'essence relie les situations du programme avec leurs hologrammes sur la Terre.

Le lecteur. Vous avez récemment écrit dans une réponse que l'Essence relie les situations de différentes personnes si leur choix est fait les uns envers les autres. Je ne comprends pas comment les programmes fonctionnent alors? Après tout, ils sont planifiés à l'avance et toutes les situations sont connectées dans le programme, même s'il existe des options.

Si je comprends bien, les situations sont créées d'abord, puis les intersections avec de vraies personnes se produisent sur la base des désirs. Autrement dit, au début, une situation est créée et s'il y a plus d'une personne, alors cette situation est créée dans le programme pour plusieurs personnes. Mais les gens peuvent avoir le choix et ils peuvent ne pas se rencontrer, et s'ils ont le choix, passer à une autre situation - nous évoluons sur la base de l'élan du programme - nous le percevons comme un désir d'aller quelque part. Comment les programmes des personnes qui devraient se rencontrer dans la vie se connectent-ils?

La réponse. Tous les programmes sont contrôlés par les Essences du plan subtil. Il existe de nombreuses Essences et Elles sont toutes différentes dans leur spécialisation. Par exemple, lorsqu'une personne doit entrer dans un accident, les Essences qui les réalisent, à partir d'un plan subtil, contrôlent le mouvement des voitures de sorte qu'en plus de la volonté de la personne, les voitures entrent en collision. Cette situation est incluse dans le programme, mais sans la participation des Essences, cela ne peut pas se produire. D'autres Essences, contrôlant périodiquement différentes personnes, fonctionnent de la même manière. C'est-à-dire que le Déterminant leur dit quelle situation Son élève approche et ce qu'Elles doivent faire en cas de choix d'un élève.

Si une personne n'est pas contrôlée, mais met le programme en mode automatique, alors, sans l'intervention des Supérieurs, elle peut faire en sorte qu'il faudra des décennies et des fonds énormes pour redresser la situation négative dans la direction requise par les Supérieurs. Le contrôle des Essences n'est effectué que dans des situations contenant le moment du choix. Et quand il est fait par l'homme, Elles **changent ses chemins dans les hologrammes des situations du côté du choix fait.**

Vous confondez le programme et les situations qu'une personne suit dans les hologrammes de la terre.

Il est important de comprendre que le programme de vie sur la Terre est incarné dans des hologrammes qui sont construits sur le plan subtil conformément aux situations de vie d'un individu donné. Le programme lui-même est situé dans la coquille causale d'une personne et toutes les situations de sa vie y sont enregistrées. Le programme implique la pensée d'une personne, ses désirs et, par conséquent, son choix.

Après qu'une personne ait fait mentalement ce choix, qui se manifeste dans son programme en mettant en évidence la variante correspondante du chemin de vie, tout est transféré aux hologrammes de la vie d'une personne, et ici, les Essences changent les hologrammes situés dans le plan éthérique de la Terre, qui restent invisibles pour une personne.

Après avoir changé les hologrammes par l'Essence, la situation du moment de choix est dirigée vers l'événement vers lequel l'individu a fait le choix. Et puis toutes les situations ultérieures commencent à se développer dans le sens de ce choix.

L'Essence de l'Intension dirige la personne dans le programme après le choix.

Le lecteur. Dans votre livre «La Personnalité et L'éternité», il est écrit: «Après avoir commis des actions, l'Essence de l'Intention, liée au contrôle du programme d'une personne, commence à transformer les événements dans la vie réelle d'une personne afin que les événements, les circonstances de la vie, à travers lesquels ils essaient de lui montrer qu'ils commencent à le tordre, il a mal agi, entraînant des actions et des incidents imprévisibles dans le maelström ...

Dans de tels cas, l'Intention agit comme le Destin inévitable, le Rock, la Fortune, car c'est précisément lui qui engage la personne dans des situations qui ne peuvent être évitées. (" La Personnalité et L'éternité "Édition 2007, p. 229).

Je pensais que le Déterminant le fait. Il s'avère qu'Ils (le Déterminant et l'Essence de l'Intention)* travaillent ensemble?

La réponse. "Intention" se réfère aux Essences législatives, par conséquent, il conduit toujours une personne selon son programme fermement, ne lui donnant la liberté que dans certaines situations (vie et société) ou à des points de choix, qui peuvent parfois durer jusqu'à plusieurs jours, et parfois un an. Après que la personne a pris la décision finale, l'Essence de l'Intention le dirige fermement vers l'option du chemin correspondant au choix de la personne. Le Déterminant ne participe pas à cela, mais Il a le droit de donner des instructions à l'élève, par exemple, à travers des rêves ou des signes folkloriques, ou d'une autre manière qu'il comprend.

Les sentiments, les émotions les désirs sont-ils programmés.

Le lecteur. Toutes les situations sont programmées dans une coquille causale, et les sentiments, les émotions, les pensées, les actions sont tous minutieusement enregistrés comme un renversement de ce programme, et le désir d'un individu est-il le moteur de son renversement?

La réponse. Programmés pour les individus positifs: situations, actions, mais tout est facultatif; et les sentiments, les émotions, les désirs ne sont pas programmés (ce n'est que dans des cas spéciaux que les désirs et quelque chose d'autre sont ajoutés au programme). Une personne utilise des sentiments et exprime des émotions, car elles ont déjà été développées en elle dans des incarnations passées sur la base de son choix de situations.

À la fin de la race 5, chaque personne avait déjà accumulé tout cela en elle-même: des sentiments, des émotions et appris à comprendre ses désirs dans une plus ou moins grande mesure. C'est-à-dire que dans n'importe quelle situation, un individu procède toujours de l'expérience de vies passées (seule une âme jeune reçoit un ensemble principal de désirs avancés, à partir duquel elle fait un choix). L'élan pour un renversement de la situation chez les individus faiblement positifs est le désir, et pour les individus moyens et élevés, ils comprennent la situation (travail de pensée).

Les individus négatifs ont tout programmé: situations, actions, sentiments, émotions correspondant à ces actions et désirs. Autrement dit, les émotions, les sentiments et les désirs correspondront également aux situations et aux actions enregistrées dans le programme. Les événements tragiques provoqueront de la tristesse, de la tristesse, du regret et même des larmes chez l'individu, de la pitié, de la sympathie, de la compassion, etc. Et les situations humoristiques peuvent provoquer un sourire, un sourire, des rires, des sarcasmes, de la joie pour quelqu'un, etc.

L'élan pour l'inclusion de la situation et des actions en elle est le temps, qui déclenche un événement qui force une personne à s'activer comme écrit dans son programme, donc, selon ce qui se passe, l'individu a des pensées, des sentiments, des désirs, des émotions. Par exemple, il arrive qu'à partir d'une remarque qui lui est faite, une personne se déchaîne simplement: ses yeux sont remplis de rage, de sang, la poitrine commence à éclater de colère, il se bat, inflige des blessures à quelqu'un et finit finalement en prison.

Dans ce cas, une situation dangereuse pour un individu comprend le mot (remarque) d'une autre personne. Il comprend la manifestation de sentiments (colère, irritabilité), qui incluent les actions d'agression correspondantes, provoquent un combat.

Pour les individus négatifs, le temps déroule des situations sans choix, car ils ont un programme linéaire, et pour les positifs, le temps dépliera l'option choisie par la personne positive à sa guise ou à la suite de la compréhension de ce qui lui arrive. Il peut répondre au coup d'un coup, peut l'ignorer et se mettre sur le côté.

Aux points de contrôle, le Déterminant positif n'envoie jamais de vœux à son élève, sans se permettre de lui imposer artificiellement ses Sentiments. Il ne lui donne qu'une impulsion, comme signal d'action ou pour que l'élève soit attentif à ce qui se passe à côté de lui. En conséquence, une personne choisit elle-même la voie future en fonction des qualités qu'elle a déjà acquises. Certaines âmes, lorsqu'elles choisissent, sont guidées non par des désirs, mais par l'expérience de leur vie ou l'expérience des autres, par exemple, les éducateurs, les enseignants, etc.

Et les Enseignants négatifs peuvent imposer les désirs dont ils ont besoin à leurs élèves et peuvent provoquer des personnes positives avec des désirs négatifs, des tentations. L'impulsion elle-même ne se transforme pas en désir, car elle est neutre.

Le point final du programme.

Le lecteur. Comment comprendre l'approche du point final du programme? Est-ce que tout le monde quitte le programme pour une impasse? Y a-t-il des cas où une personne peut encore vivre, mais décède? Par exemple, une personne décède d'un accident d'avion. Est-ce une impasse ou est-ce la fin du programme?

Comment comprendre que vous allez dans une impasse ou que vous y êtes déjà? Il est clair que lorsque vous buvez trop, vous êtes dans une impasse, mais un accident peut-il être une impasse?

La réponse. La perte d'un objectif, la disparition des aspirations de l'âme à en chercher un nouveau, à la cognition, une perte d'intérêt pour la vie, l'indifférence envers les gens et leurs événements de la vie peuvent servir de signes d'une personne approchant la fin de son programme. Tout cesse de l'intéresser, puisqu'il cesse de progresser. Mais cela peut être éliminé, vous forçant à apprendre quelque chose de nouveau, à apprendre quelque chose. Si le Déterminant voit que son élève lui-même a trouvé pour lui-même qui est capable de le promouvoir dans le développement, alors comme un encouragement, il peut prolonger ses années de vie, et pour cela, il a sa propre méthode. Après tout, l'essentiel pour une personne est son développement, la progression de son âme, et pour cela, les Supérieurs créent certaines conditions pour leur élève, en contournant les règles standards. Après tout, la raison de la courte vie des gens est leur incapacité à progresser constamment, en continu pendant de nombreuses années.

Une personne n'est généralement pas autorisée à comprendre qu'elle va au point final du programme, et on ne lui donne pas la date exacte du décès, afin de ne pas lui donner une raison de se dégrader. (Il est à noter que de nombreuses personnes qui ont été informées à l'avance du jour de leur mort, ont commis tous leurs graves péchés pour profiter des derniers jours de leur vie et, de ce fait, ont accéléré leur dégradation). Un indice qu'une personne se trouve dans une impasse peut être la perte de son but d'existence, son intérêt pour la vie, dans le monde qui l'entoure. Un individu commence parfois à vraiment sentir qu'il est issu d'un monde donné et qu'il n'est pas en mesure de l'avancer davantage dans le développement.

Quant à la question de l'accident, elle peut servir d'impasse à une personne si, après elle, elle ne peut pas retrouver la santé et son absence entrave son développement. Il se peut qu'une personne se transforme en estropié, et pour sa psyché cela sert d'obstacle à se perfectionner dans diverses directions.

Il y a des moments où une personne a encore du temps pour la vie, et elle meurt à cause de sa lâcheté ou de sa réticence à faire preuve de volonté. Par exemple, prenons le même accident dans lequel une personne a été gravement blessée et a subi des dommages, comme on dit maintenant, "incompatibles avec la vie". Ils lui proposent une opération compliquée, mais ils promettent qu'après cela, il reprendra une vie normale, mais ils avertissent qu'il y a un danger après l'opération «de ne pas se réveiller», c'est-à-dire, il y a la possibilité de mourir pendant la chirurgie. Cela fait peur à la personne et il prend la mauvaise décision - de ne pas effectuer l'opération, croyant qu'il vaut mieux vivre comme estropié encore un ou deux ans, que de mourir à nouveau maintenant avec le couteau du chirurgien. En conséquence, il survit sur la table d'opération et décède plus tard des surcharges de cet organe. Dans ce cas, la personne a fait le mauvais choix, le refus de l'opération conduit à l'impasse de la personne, et cela a été influencé par sa faible volonté, sa faible attitude mentale, sa peur de mourir une deuxième fois. Tout ce qui arrête une personne en développement est la raison qui la conduit à une branche sans issue, ce qui ne lui permet pas de progresser davantage, et sert donc de raison pour le retirer de la vie inutile, ce qui empêche son âme de progresser évolutivement.

Tout cela parle d'une chose - combien il est important pour une personne de pouvoir se fixer de nouveaux objectifs de développement, afin de continuer à s'améliorer même en cas d'impasse. Si vous le souhaitez, tout peut être contourné et, avec des efforts et de la volonté, allonger votre vie et atteindre rapidement le niveau qui traduit l'âme en existence éternelle.

L'impasse dans le programme.

Le lecteur. L'impasse ou la fin de programme, combien de temps cela prend-il? Maximum et minimum.

La réponse. Une impasse est la prise de conscience par une personne que certaines actions ne mèneront pas au résultat souhaité. Cette prise de conscience peut se produire au tout début de l'option de choisir une branche de développement sans issue ou après avoir traversé toute l'option à la fin de l'impasse. Par conséquent, au début, cela peut durer un à trois jours, et au bout d'un an.

Le nombre d'impasses dans le programme.

Le lecteur. Combien de personnes peuvent survivre aux points de choix entre une impasse et un développement ultérieur? Quelles situations ne peuvent pas être appelées impasses, et c'est certainement la fin du programme. Si une personne a de la fièvre et un mal de gorge, est-ce une impasse ou non? Combien de temps dure le point de choix et l'impasse elle-même?

La réponse. Le nombre d'impasses dépend du Niveau de développement humain; plus le Niveau est élevé, moins il y a d'impasses. Toute situation peut mettre fin au programme. Par exemple, une personne est en train de faire carrière, gagne beaucoup d'argent, se rend en Thaïlande avec une grande joie, et là, elle est couverte par un tsunami. Ou l'effondrement d'une personne: entreprise, famille. Il décide que c'est une impasse et part pour le village. Mais là, tout à coup, il rencontre une personne intéressante avec laquelle ils ouvrent l'agriculture et il renaît à vie. Autrement dit, ce qui ne semble pas être une impasse n'est pas toujours le point final du programme, mais un test difficile. Et ce n'est pas toujours que «rouler comme sur des roulettes» peut durer éternellement. Une impasse peut être considérée comme aboutissant à la mort ou à une dégradation complète, comme chez les sans-abri et dans certains cas chez les alcooliques et les toxicomanes. Parfois, pour une impasse, une personne franchit une étape importante dans le programme, se sent désespérée, ne voit pas d'issue, mais il ne faut jamais désespérer. Il est nécessaire de faire une pause et de commencer à lutter activement pour leur existence, en essayant de trouver un moyen de sortir de cette situation. L'essentiel est de ne pas abandonner et de faire défiler les différentes options de tête pour changer votre vie pour le mieux. Il n'est pas nécessaire de se fixer de grands objectifs, il faut d'abord se contenter de petits, ce qui conduira progressivement à de grands.

Si une personne a une température ou une sorte de maladie catarrhale, cela indique qu'il a violé un mode de vie sain et qu'il devrait corriger quelque chose dans son comportement. Il peut également être associé à une contamination du corps et à sa purification temporaire par cette maladie. Les rhumes légers et modérés ne sont pas karmiques, car ils contribuent au nettoyage partiel du corps.

La relation des hologrammes avec le temps.

Le lecteur. Un sujet très intéressant lié à la construction et au temps des hologrammes. Mes hypothèses suivantes sont-elles correctes:

La question. «Sur le plan subtil, il y a des hologrammes de toutes les options pour l'avenir de l'humanité et chaque individu séparément, c'est-à-dire qu'il y a des hologrammes correspondant aux programmes de développement de la société. Ils ont tous des «fréquences de travail» différentes, et donc, bien qu'ils soient sur le même plan (comme à l'antenne), ils ne sont pas «visibles» les uns aux autres (puisqu'ils sont décalés en fréquence). Ils sont tous «chargés» de l'action, mais pas actifs. Seule cette version de l'hologramme est active, le long de laquelle l'Essence spiritualisée «se déplace» - l'âme humaine avec son propre programme. C'est l'Essence qui active l'une des branches des hologrammes du futur, faisant son choix, et donc envoyant un code pour activer la branche correspondante, comme option de développement.

La réponse. Cette question est parfaitement comprise par vous. Notre nouveau livre, "La transformation des âmes de différentes formes de vie" arrive bientôt. Il contient des informations sur la boucle temporelle menant au futur et la boucle temporelle menant au passé, ainsi que des explications plus détaillées sur la façon dont le temps manifeste les hologrammes et aborde d'autres problèmes à propos du temps.

La phase du présent dans l'hologramme.

Le lecteur. Si le programme contient 2 ou 3 variantes du développement de l'événement et que la personne l'a approché, et qu'il n'a eu qu'à faire un choix de la variante, y compris le travail du temps présent, alors la phase du temps présent "passe" toutes les deux ou trois variantes des hologrammes à la fois, mais ne montre que la variante, activée par l'Essence de l'Intention. Très probablement, l'heure actuelle transfère également des variantes d'hologramme inutilisées dans la phase temporelle passée. Dans le même temps, les «décharge» (réduit le potentiel de stockage), car ils ne seront jamais impliqués, uniquement pour la visualisation. Est-ce bien compris par moi?

La réponse. Vous avez très bien compris le thème de l'impact du présent sur toutes les options du programme. Pour consolider le matériau, regardez attentivement le schéma 1 (Fig. 1). Cela aidera à consolider au sens figuré ce que vous avez réalisé. Le diagramme montre clairement que toutes les options proposées pour une personne à choisir sont dans la phase actuelle et pour la mise en œuvre de l'une de ces options, le programme prend 10 ans. Autrement dit, le temps de trajet sur les options proposées est le même (10 ans) et les distances d'un événement à l'autre sont différentes. Mais si, quelle que soit cette distance, en tout cas, une personne doit venir à l'événement «K» en même temps, disons le 15 octobre 2019, alors pour remplir cette condition dans le temps, elle n'a que la vitesse des événements. Par conséquent, il est capable, en régulant la vitesse du passage des événements de la vie, d'arriver au dernier événement au point «K», peu importe le chemin qu'il emprunte, le 15/10/19. Il peut passer l'événement plus rapidement, ou peut-être plus lentement. Il connaît la date, ce qui lui permet d'ajuster la vitesse de sa vie.

La sensation intérieure de l'homme de son Temps.

Le lecteur. Vous avez écrit que chaque personne a son propre sens intérieur du temps, et c'est le travail de la matrice du Temps. J'ai une telle question (une situation réelle).

L'homme ne vit qu'au présent. Le sentiment - «ici» et «maintenant» tient dans une journée, plus précisément dans une demi-journée. Dès qu'un autre jour arrive (demain)*, la même sensation se reproduit, et hier s'efface, ou il semble que les événements d'hier étaient il y a longtemps et que la distance entre aujourd'hui et hier n'est plus qu'un vide, et demain semble être ne le sera pas.

Quand vient demain, il est perçu de la même manière que «ici» et «maintenant». Il est moins courant que dans la journée même deux situations (le matin et le soir)* semblent éloignées (en quelques jours). Une sensation similaire dure avec mon ami pendant environ un an. Il n'y a aucun dommage organique au cerveau. Cela ne dérange pas la personne, elle connaît Vos informations. Cela peut-il être expliqué d'une manière ou d'une autre?

La réponse. Presque toutes les personnes ressentent de telles sensations du temps, car le programme de la personne ne l'oriente que sur la perception du moment présent dans le temps. Peu de gens y prêtent attention. Cela est fait pour une personne dans le but de pouvoir résoudre correctement les situations de sa vie, en se concentrant sur le temps présent, capable de réaliser les actions de son programme de vie. S'il ressentait également le passé, il serait constamment en retard pour résoudre des situations et les hologrammes de sa vie se briseraient. Dans ce cas, une image holistique de la vie d'une personne ne se serait pas révélée et il serait devenu fou.

Une personne était spécialement divisée sa durée de vie en jour et nuit, de sorte qu'elle ressentait le cours de sa vie et de son temps, et ressentait également le changement de ce qui se passait autour. Si le jour et la nuit n'étaient pas entrés, il lui serait difficile de naviguer dans le temps, il ne saurait pas combien de mois, des années se sont écoulées depuis le jour de sa naissance dans ce monde, et n'aurait pas pu deviner combien il lui restait à vivre. Pour tout cela, il a dû apprendre à comparer les intervalles de temps en changeant ce qui l'entoure. Et lui, en effet, a commencé à percevoir le passage du temps à travers le changement de jour et de nuit, l'aube et le coucher du soleil, et se concentrant également sur le changement de l'apparence d'une personne, il a commencé à attraper son vieillissement progressif, à la suite du passage du temps de sa vie. Ce dernier l'a également aidé, mais pas exactement, mais lui a permis de naviguer dans une certaine mesure au cours des années de sa vie personnelle.

Fonctionnement du temps dans le programme d'une personne.

Le lecteur. Chaque programme de vie humaine contient plusieurs options pour le comportement humain, généralement deux ou trois, c'est-à-dire dans une situation ou une situation similaire, une personne peut se comporter trois fois. Mais si le temps pour les options est donné une chose, alors comment le temps fonctionne-t-il avec ces options pour les chemins après qu'une personne a fait un choix? Et quelles subtilités existent en passant chaque option? Quelle est la différence entre ces options?

La réponse. Considérons les options de passage de chemins à l'aide d'un exemple (Fig. 4). Supposons que dans une certaine partie de la vie («K - H»), une personne ait la possibilité de développer diverses conditions de vie: chemin 1; 2; et 3. Toutes les situations de vie en eux sont différentes. Mais cette durée couvre une période de vie de vingt ans, par exemple de 20 à 40 ans. Autrement dit, une personne reçoit une seule fois (20 ans) et elle reste inchangée, quel que soit le mode de vie qu'il choisit.

Un fragment du programme avec trois options pour les chemins de développement de choix

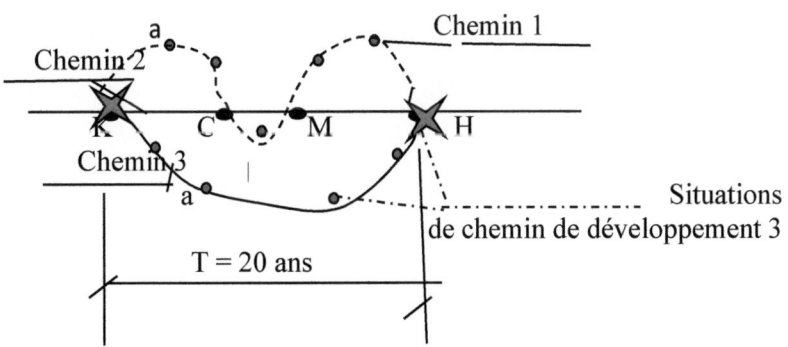

Fig. 4. Un fragment du programme. Les différents chemins de vivre dans un intervalle de temps "T"

Le temps attire d'autres énergies des actions du programme dans le processus de vie et les fait traverser une personne à «jouer» les événements de sa vie soit plus rapidement soit plus lentement en raison d'une augmentation ou d'une diminution de la vitesse du flux du temps et des événements eux-mêmes, les actions en eux. Au figuré, on peut dire que le temps «fait clignoter les images de la vie» plus rapidement ou plus lentement.

En réalité, le temps active les énergies de certaines situations et les fait (les événements de la vie eux-mêmes)* s'écouler à des vitesses différentes, et une personne perçoit cela comme un scintillement rapide des événements de sa vie ou un événement lent et calme.

Si le programme a trois options: chemin 1, chemin 2 et chemin 3 (il peut y avoir deux ou quatre options)*, alors pour le moment sur trois chemins de développement, trois vitesses possibles de son flux sont définies. Et selon la version de vie qu'une personne choisit, elle inclut elle-même l'une ou l'autre vitesse du cours des événements de sa vie. Par conséquent, à différentes périodes de la vie, à différents âges, il peut lui sembler que les semaines scintillent rapidement, comme les jours, et parfois, les mois s'étirent comme les années.

Prenons un exemple (Fig.4).

Le chemin "2" est le plus court. Le temps passé dessus est optimal et son débit est minime. Les événements «coulent» lentement. La distance de passage est la plus courte des trois variantes de chemins, donc la vitesse de son passage est la plus petite.

Le chemin "3" - est plus long dans la distance de passage par rapport à lui. Pendant le même temps (20 ans), vous devez parcourir une plus grande distance, donc la vitesse du flux de temps ici devrait être plus grande que dans la variante du chemin 2. Pour qu'une personne puisse parcourir un chemin plus long avec une vitesse accrue, il est nécessaire d'activer un maximum d'événements, pour faire plus de mouvements vous-même. (Mais les mouvements ne peuvent pas nécessairement se rapporter uniquement aux mouvements physiques. Ces mouvements incluent le mouvement de la pensée, une personne a fait un énorme travail scientifique ou créatif). S'il n'y a pas assez de mouvements (physiques ou mentaux), l'individu n'aura pas le temps de convertir une quantité suffisante d'énergie qui est censée être traitée pour lui dans ce domaine - à ce stade de développement. Et cela peut être la raison du trouble mental (dans l'écart entre le programme et les actions de l'individu)*.

Les événements, d'autre part, permettent à une personne de travailler uniformément pour la matrice de l'âme ce qui est requis par les situations et les émotions. Par conséquent, par exemple, si le chemin "1" a quatre événements principaux, le chemin "3" doit avoir six événements.

Le chemin «1» est le plus long de la distance. La vitesse du passage du temps sur elle est la plus grande, et les événements de la vie devraient se produire encore plus que sur le chemin "2" ou "3". Par conséquent, ils disent d'une telle personne qu'elle tourne dans le tourbillon de la vie. Ainsi, un homme, étant dans l'événement "K", choisit son propre destin, les événements de sa vie personnelle et la vitesse de leur développement. S'il choisit une action qui se transforme en événement "C", alors ce sera la meilleure option pour lui. S'il choisit une action qui tourne la vie vers l'événement «in», alors c'est le chemin «3», et puis il est déjà impliqué après avoir fait un choix dans les événements de ce chemin contre sa volonté, la vie commence à le capturer et à ouvrir devant lui un nouvel événement après l'autre. Et la rapidité du déroulement des événements correspond à cette option, il vivra non seulement différemment, mais ressentira également le passage du temps différemment que sur toute autre variante de son chemin de développement.

Si l'individu choisit le point "a", alors il s'implique dans les événements du chemin "3", et un événement après l'autre commence à se produire dans sa vie, il n'a pas le temps de les "démêler", et les coups du destin (ou bénédictions) sont éparpillés sur sa tête et parsemés.

Ainsi, le programme a des points de contrôle («C» et «M») où l'individu choisit son propre destin. Et les points du programme allant plus loin sont déjà une conséquence du choix qu'il a fait: une personne paie pour le choix initial ou, au contraire, est encouragée par les événements suivants: il a fait le bon choix - tout va bien et il vit en paix; choisi le mauvais chemin - et reçoit des coups du destin.

Mais à côté des coups, il y a aussi des tests de l'âme. Et leur homme doit passer régulièrement et patiemment. Par conséquent, tout ne doit pas être perçu comme une punition ou un karma. L'homme lui-même doit comprendre ce qui lui est envoyé: punition ou procès, et pour cela il doit apprendre à analyser sa vie, à relier les événements passés au présent.

Mais l'essentiel du programme est que chaque personne choisit la vitesse du déroulement des événements de sa vie, et donc il lui semblera que parfois la vie coule vite, et parfois rampe comme une tortue, et parfois il faut autant de temps pour attendre la fin de la semaine, comment attendre pour toujours.

La prise de conscience de ses actions peut-elle entraver le passage d'un programme personnel

Le lecteur. Pendant que vous étudiez Votre Enseignement, une personne se développe et la matrice de la conscience, du subconscient, des concepts, etc. D'une manière différente, il commence déjà à comprendre le sens de sa vie - pour terminer à 100% le programme qui lui est donné; perçoit différemment les personnes environnantes. Pourrait-il se produire l'effet de l'incohérence du programme, selon lequel il se développe dans cette incarnation, avec les intérêts et les besoins déjà nouveaux qui surgissent dans son âme lorsque vous lisez Vos livres? Par exemple, avant de rêver de se marier belle princesse, et maintenant vous comprenez parfaitement qu'une beauté d'un conte de fées peut se révéler être une personne du système négatif, ou l'âme d'un ancien hippopotame dans la précédente incarnation. Vous commencez également à réaliser que la liberté est une illusion, et une personne a un travail selon son programme de développement, et il n'est lui-même rien de plus qu'une batterie d'énergie impliquée dans les chaînes technologiques du Cosmoorganisme.

La question. Y aura-t-il une suspension dans le développement de l'âme, qui cesse déjà de vivre en construisant le bonheur domestique, sachant de Vos livres que le monde matériel est tout temporaire pour l'âme?

La réponse. L'exécution consciente de votre programme ne peut en aucun cas ralentir le développement humain. S'il ne connaissait pas les nouvelles informations, il traverserait les situations de sa vie sans réfléchir, automatiquement, activant uniquement ses émotions et ses sentiments, qu'il pouvait souvent diriger dans la mauvaise direction. L'homme n'utiliserait que le plan de développement astral. La connaissance vous permet également d'accélérer la progression de l'âme grâce à une compréhension profonde de chaque événement de la vie, en leur transmettant de nouvelles informations. Ainsi, l'approfondissement des concepts humains et la meilleure réalisation par lui de chacune de ses actions auront lieu, c'est-à-dire que son Niveau de développement montera alors sur le plan mental. Si une personne n'était pas au courant des nouvelles informations, elle serait morte, ayant cessé de se développer au niveau du plan astral, ayant gagné beaucoup de péchés, et l'utilisation de connaissances élevées dans la compréhension des situations de la vie lui permettrait d'éviter de nombreux péchés, ce qui contribuera également à l'éveil rapide de l'âme au prochain Niveau. Une nouvelle compréhension lui permet d'aller sur le plan mental. Sans connaissance des nouvelles informations, non seulement les péchés ne seraient pas autorisés à rester à leur Niveau actuel, mais ils l'abaisseraient également. Par conséquent, la connaissance, d'une part, empêche la chute et l'abaissement du Niveau, d'autre part, aide à monter au Niveau suivant, troisièmement, enrichit la matrice des concepts avec de nouvelles images sémantiques qui contribuent au progrès de l'âme.

Ressentir son programme et y travailler.

Le lecteur. Y a-t-il des gens qui représentent le travail à l'avenir avec tous les détails ou imaginent simplement qu'ils ont trouvé un emploi et en trouvent un comme ils l'imaginaient ou faisaient-ils simplement partie de leur programme? Pourquoi? L'idée dépend du niveau de développement de l'individu?

La réponse. La présentation et la compréhension de son travail sont soit provoquées par le Déterminant, soit ressenties par l'âme d'une personne donnée, au gré des désirs, comme guide vers le but de sa vie. Si un individu suit la deuxième option, cela indique un degré plus élevé de développement de son âme, qui est capable de ressentir le but de son programme.

**Est une personne capable de former des situations de sa vie
par le pouvoir de la pensée.**

Le lecteur. Je me souviens une fois dans ma jeunesse, quand une
vie monotone et fraîche était ennuyeuse, j'ai mentalement demandé à
Dieu de m'envoyer une sorte d'aventure. En général, j'imaginais une
rencontre romantique avec un amour sincère, mais les deux fois (et j'ai
demandé deux fois) je me suis «envolé» dans des situations criminelles.
Je ne me souviens pas exactement du premier, et le second était lié au
fait que, sous mes yeux, mon voisin, le comptable en chef d'une
entreprise bien connue, a été volé. Je suis sûr que tout cela était lié à
mes appels en Haut. Vous pouvez dire: comment mes demandes ont-
elles été satisfaites? Autrement dit, j'ai demandé à Dieu, mon
Déterminant a entendu et a inclus un tel sous-programme de ma vie
future, quand je vais à des situations de nature criminelle? Autrement
dit, si je n'avais pas demandé de variété de vie, alors je n'aurais peut-
être pas été poussé le long du chemin décrit, et j'aurais vécu une
certaine période de temps différemment?

La réponse. Récemment, j'ai répondu à une question similaire,
qui concernait l'accomplissement des désirs et des demandes aux
Supérieurs. Je le répète et j'ajoute un peu. Le pouvoir de la pensée d'une
personne est trop insignifiant, car à la fin de la 5e race, le cerveau
physique n'est utilisé par les gens ordinaires que par 6%. Ce
pourcentage caractérise pleinement les possibilités de l'activité mentale
humaine. Par conséquent, il n'est pas en mesure de former des
situations dans sa vie qui ne sont pas incluses dans son programme.
Mais il y a deux options possibles a); b) quand les rêves de quelque
chose deviennent réalité:

a) L'âme d'une personne ressent intuitivement des situations qui
se produiront en elle à l'avenir et une prémonition d'un certain bon
événement peut survenir périodiquement dans ses pensées comme elle
le souhaite;

b) Une personne veut vraiment, par exemple, acheter quelque
chose. Elle y pense constamment, et le Déterminant saisit son désir,
considère le comportement antérieur de l'élève et peut transformer le

désir en réalité comme un encouragement, s'il a accumulé suffisamment d'énergie positive pour réaliser ce désir.

Tout ce dont rêve l'individu, et qui n'est pas inclus dans son programme, ne peut se réaliser, car il est également associé aux grandes dépenses d'énergie qu'une personne n'a pas accumulées. Par conséquent, si vous regardez ce problème sous un angle similaire, tout le monde est capable de réaliser son rêve lui-même, en gagnant diligemment dans sa base des points positifs supplémentaires en aidant les gens.

La demande même d'une aventure à l'avance contiendra deux options pour le développement d'un même événement et prédéterminera ainsi la personne qui y participe au choix d'une direction négative ou positive des situations qui se déroulent. Les aventures portent souvent beaucoup de choses négatives en elles-mêmes, et seule une personne est capable de choisir le chemin négatif ou positif pour elle-même dans cette situation.

Le point de contrôle à un poste de direction.

Le lecteur. Dans l'une des conférences vidéo, Lyudmila Leonovna a déclaré que le point de contrôle pourrait être la nomination d'une personne à un poste de direction. Si cela ne dépend pas de son choix, ce n'est pas un point de contrôle pour choisir un chemin. Et si le point de contrôle est obtenu qui est sur le chemin optimal, et quand n'importe quel chemin choisi mène à ce point, alors cela lui arrivera durement et en aucune façon. S'il a été affecté de manière rigide à un poste de direction de quelque manière que ce soit et que c'est une étape importante, mais étant donné qu'ils ne sont pas sur les voies choisies, à en juger par les schémas de Vos livres, obtient-il un programme d'emploi dans l'entreprise où il a obtenu ce poste? Seulement si la nomination à un poste de direction est une étape importante du programme.

La réponse. Un point de contrôle est un point qui ne peut en aucun cas être évité. Cependant, les points de contrôle sont divisés en secondaires (pas particulièrement importants pour une personne, mais toujours passables par elle) et les principaux, après quoi quelque chose change dans son destin. Une personne passe par tous ces points durement, et ils se situent à la fois sur la variante optimale du chemin de son développement, et sur d'autres.

Les points secondaires sont principalement indépendants de la volonté de la personne dans la variante optimale, et après le point de contrôle auquel le choix a été fait, sur toute variante optimale choisie, ils impliquent simplement la personne dans les événements de ce chemin.

Par exemple, à un poste de contrôle, un enfant entre à l'école (il peut aller dans une école de cadets, ou il peut être rattaché à un internat, etc.). Après un choix précis, l'enfant commence à se rendre constamment dans un établissement de formation et à passer de classe en classe tous les jours, et cette situation d'apprentissage se poursuit le long des points secondaires pendant 10-11 ans.

Autrement dit, ce ne sont pas des événements très importants, mais qu'une personne est obligée de suivre. Il y a aussi une transition du travail au travail.

Et ici, il y a une telle nuance - la différence entre les points mineurs avec l'option optimale et un choix simple. Par exemple, si une personne est renvoyée du travail, alors c'est un point de contrôle difficile auquel elle n'a pas la liberté de choix (la situation peut être avec les deux options).

Et si au travail une personne décide de partir ou de rester et en même temps qu'elle peut faire son choix par elle-même, alors ce point est appelé un point de contrôle pour lui (il ne peut être contenu qu'avec une simple option de développement). Un tel point lui donne l'opportunité de changer son propre destin de son plein gré. Avec la variante optimale du chemin au point de contrôle, une personne n'aura pas déjà une telle liberté de choix. Ainsi, la nomination d'une personne à un poste de direction est en tout cas toujours le principal point de référence.

Le travail de l'intuition dans le programme.

Le lecteur. En étudiant le livre "La révélation du Cosmos", je me suis rendu compte que le programme général se compose d'un programme de contrôle et d'un programme libre, ils sont joints et un programme commun est formé. Le programme de contrôle se compose de points qui sont des actions correctes dans le programme, et un programme gratuit se compose de plusieurs points, c'est-à-dire l'hologramme de la situation à partir de laquelle les points vont. À un certain moment, l'intuition est déclenchée - c'est une impulsion qui va au moment de la sélection dans un programme gratuit dans un programme de contrôle et une personne ressent le bon chemin en fonction de ses images et de ses concepts.

La question. Qu'est-ce qui est prévu par les Supérieurs, à quel moment peut-on utiliser l'intuition?

La réponse. Si une personne a déjà les réalisations initiales de l'intuition, alors dans chaque incarnation subséquente, elle inclura certains points (pas nécessairement des points de contrôle, ils contribueront à la manifestation de l'intuition), dans lesquels l'intuition fournira l'occasion de se manifester. Si la version spécifique du programme prévoit son développement à long terme, il comprendra plusieurs situations différentes qui contribuent à son développement. L'intuition peut être utilisée à tout moment du programme qui contient le moment du choix, c'est-à-dire que lors du choix, vous pouvez inclure la logique (le cas échéant), le raisonnement, les sentiments ou l'intuition. L'inclusion de l'intuition en particulier, en tant que qualité paranormale distincte, n'est pas prévue par les Supérieurs pour une personne jusqu'à ce qu'elle atteigne le potentiel approprié, et cela ne se fera qu'au milieu de la 6e course.

Le lecteur. Comment l'intuition se développe-t-elle, par quels mécanismes?

Je pense qu'en raison de la compréhension de ce qui se passe - c'est-à-dire, il analyse l'événement et produit une sorte d'énergie.

La réponse. L'intuition se développe en comprenant des situations de vie qui se terminent par un certain résultat, c'est-à-dire que son développement est basé sur l'expérience de vie et l'observation constante.

Le lecteur. Le développement de l'intuition affecte-t-il la force de sa mise en œuvre dans le programme de contrôle, c'est-à-dire ce qu'il ressent?

La réponse. Le développement de l'intuition n'affecte pas la force de sa mise en œuvre dans le programme. À ce sujet lisez le livre "Les capacités paranormales".

Les changements dans le programme pendant la vie.

Le lecteur. Une personne au cours de sa vie peut-elle changer les points de contrôle définis par le programme?
La réponse. Les jalons ne changent jamais au cours de la vie. C'est son destin.

Est-il possible de remplacer le programme pendant la vie.

Le lecteur. Dans l'un des livres Vous avez écrit qu'il est possible de remplacer le Programme de la vie en mode de réalisation. Comment est-il produit et par qui?

La réponse. Ce sont des cas isolés qui ont été faits à la fin de la 5e race à titre expérimental, mais les Supérieurs sont arrivés à la conclusion que de tels programmes ne se justifient pas, nous n'avons donc pas le droit de divulguer leurs résultats.

À la fin de la 5e race, beaucoup d'expériences de toutes sortes ont été faites et sont en cours. Les développeurs célestes traduisent leurs idées en réalité afin de choisir ce qui deviendra prometteur à l'avenir. Par conséquent, il existe de nombreux écarts par rapport aux principaux programmes standard.

Le rapport entre l'ordre et la liberté de choix dans le programme.

Le lecteur. Toutes les Essences sont créées dans un but spécifique, avec la perspective de remplir une fonction particulière. Comment l'inclusion de la liberté de choix dans son programme affecte-t-elle la réalisation de l'objectif initial de créer une âme? Ou la liberté de choix dans n'importe quelle situation affecte-t-elle de manière insignifiante la réalisation par l'âme du but initial?

La réponse. Aux stades initiaux du développement de l'âme, la liberté de choix n'affecte pas de manière significative le chemin futur d'une personne, car il comprend peu le monde qui l'entoure et ne choisit que ce qui contribue à sa survie. Il s'agit d'un cercle restreint de choix. La direction principale du développement lui est imposée par des programmes élaborés par les Supérieurs à partir des conditions de leurs besoins de futurs spécialistes. Seuls les programmes le dirigent vers les objectifs recherchés par les Supérieurs. Il semble à la personne elle-même qu'elle fasse elle-même le choix, car elle n'est pas en mesure de séparer son désir personnel du programme. Par conséquent, tout programme d'une personne forme les qualités nécessaires à l'un ou l'autre Système de la Hiérarchie de Dieu ou du Diable. Un choix conscient de soi complet n'est donné à l'âme humaine que lorsqu'elle atteint l'état Absolu au sommet de la Hiérarchie de Dieu.

*   *   *

CHAPITRE 6
LA CONNEXION DES PROGRAMMES AVEC LES HOLOGRAMMES
Les hologrammes privés dans un hologramme commun.

Le lecteur. Il y a un hologramme de la situation et il y a des hologrammes des participants aux événements. Avant qu'un événement de situation ne se produise, l'hologramme du participant se trouve dans l'hologramme non développé. Qu'arrive-t-il à l'hologramme d'un participant au moment d'un retournement temporel d'un événement donné du futur au présent, car au présent je ne suis pas un hologramme? Comment un hologramme d'une personne passe-t-il dans le passé avec un hologramme développé et non développé? À quoi ressemble mon hologramme dans l'hologramme de la situation du point de vue des processus énergétiques? L'hologramme de la situation avant l'inversion du temps d'un événement futur au présent est d'abord dans les voûtes du plan subtil, et que représente mon hologramme là-bas?

La réponse. Si un hologramme commun est inclus, auquel participent plusieurs personnes, les particuliers n'auront des hologrammes que s'ils souhaitent apparaître dans cet événement en vertu du choix qu'ils proposent. Autrement dit, dans la situation générale, il peut y avoir des individus principaux qui doivent subir un événement donné selon un programme rigide, et des individus secondaires qui peuvent ou non participer. Pour les individus principaux, leurs hologrammes privés sont inclus immédiatement avec l'hologramme général, et ils y participent nécessairement, tandis que pour les personnes secondaires qui ne souhaitent pas y participer, leurs hologrammes privés ne sont pas inclus.

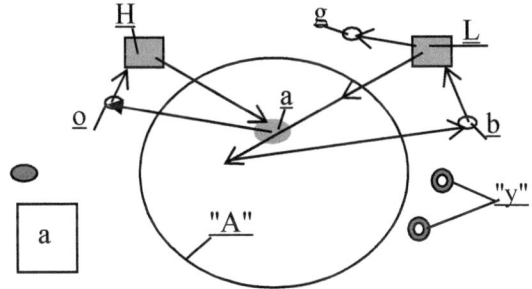

Fig. 5. L'hologramme général "A" de la cinquième race et la connexion des hologrammes privés "H" et "L" avec lui dans la situation "a".

Les légendes:

▪ - hologrammes privés "H" et "L";
◯ - hologramme général de la cinquième race "A";
⬭ - hologramme général "a" pour les individus rencontrés;
◎ - hologrammes d'individus mineurs "y".

LES HOLOGRAMMES DE SITUATIONS

Le lecteur. Comment les hologrammes de situations sont-ils construits et une personne peut-elle les dépasser à volonté?

La réponse. Tout programme est créé par l'idée des Supérieurs, qu'Ils mettent d'abord en œuvre dans leurs plans, puis - calculent les programmes qui conduisent à la mise en œuvre de Leurs plans à des niveaux de développement inférieurs et, en particulier, dans le monde terrestre.

Lorsqu'un programme est créé, des situations de développement d'événements sont planifiées avec lui, lesquelles (événements) * sont organisées dans le temps et l'espace dans le programme général et l'hologramme de la société (hologramme de la société "A" (Fig. 5).

Tout cela commence à se produire d'abord dans le monde, en là où les Supérieurs existent, c'est-à-dire que tous les hologrammes correspondent aux plans des Essences Supérieures, et donc le monde terrestre doit être précis dans l'accomplissement de ce qu'Elles ont planifié et planifié, et à partir d'ici une personne n'a pas le droit d'aller au-delà des limites de son hologramme personnel, qui définit un espace Il peut se déplacer et ce qui le restreint à se déplacer à volonté, ce qui ne devrait pas être le cas, car une personne est volontaire et, si elle pénètre dans les hologrammes des autres, peut y gâcher beaucoup, ce qui peut finalement conduire une autre personne à ne pas remplir son programme et à perturber les plans des Supérieurs.

Les hologrammes sont construits à partir de matière subtile, proche du plan physique (on peut l'appeler arbitrairement matière du plan éthérique), donc ces hologrammes peuvent être vus à la fois par les voyants et les âmes qui sont passées dans le monde subtil. Toute matière du plan subtil est plus forte que la matière physique la plus grossière, donc une personne ne peut pas la détruire. Et il n'est pas capable de changer et de compléter quelque chose dans son hologramme, car il n'a pas assez de pouvoir pour cela et les connaissances correspondantes sur les propriétés de cette matière.

Cependant, les Supérieurs eux-mêmes, si nécessaire, peuvent apporter une correction dans l'hologramme général en fonction d'un changement de leurs idées pour le mieux.

Après la sélection des âmes pour un événement général «A» et la compilation de programmes privés pour eux («H»; «L») après la répartition des rôles entre eux, les Supérieurs commencent à transférer toutes les situations particulières prévues à l'hologramme général du monde terrestre (jusqu'au point «a»). Ceci est un hologramme commun pour la réunion des individus" H "et" L "). Mais les hologrammes ne sont pas construits en physique, mais en matière subtile, ils restent donc invisibles pour les gens ordinaires.

La Terre a ses propres corps énergétiques (coquilles)*, qui sont ses plans subtils de différents Niveaux avec sa matière. Mais le plan subtil dans lequel travaillent les Supérieurs existe dans une autre dimension. Il n'est pas donné à une personne de voir à cause de la portée limitée de sa vision. L'œil humain est conçu artificiellement pour ne voir que la matière physique dans son spectre étroit.

Lorsque le programme commence à s'incarner dans le monde terrestre (dans le plan astral)*, alors, selon ce programme, d'autres Supérieurs (les constructeurs Supérieurs, installateurs, etc.) commencent à construire des situations de société et de vie humaine dans une version hologramme.

Étant donné que le programme contient toujours un choix d'actions, cela vous permet de construire la société et le monde autour de vous de manière créative et de différentes manières. Ce que la société et sa vie deviendront finalement dépendra du choix fait par la personne elle-même ou par la société dans son ensemble (si le choix est fait par un vote majoritaire). Mais peu importe ce qu'une personne choisit, elle ne peut pas aller au-delà des situations holographiques. Ils limiteront toujours ses activités. Et pour cela, les Supérieurs ont leurs propres limiteurs spéciaux qui ne permettent pas à l'individu d'aller au-delà du cadre de son propre hologramme.

Les hologrammes aident les Supérieurs à contrôler les activités des gens, car ceux qui ne comprennent pas les objectifs Supérieurs peuvent sérieusement nuire à leurs plans. Par conséquent, les activités des interprètes du plan inférieur sont toujours limitées à certains paramètres de programme, ainsi qu'à des structures holographiques qui ne sont pas visibles par les gens, mais ne vous permettent pas de vous déplacer vers des territoires non autorisés.

Comment détecter ces structures? Par exemple, maintenant en train de reconstruire la Terre, certaines restrictions sont supprimées et les gens voient toutes sortes de chupacabras, des animaux étranges du monde parallèle, ils apparaissent soudainement dans notre monde, car les restrictions entre les mondes sont temporairement supprimées (les gens en disent - «Les Portails Sont Ouverts»). Mais ensuite, ces animaux reviennent conformément à leur programme, car ils ne peuvent pas être dans des hologrammes et des conditions environnementales qui ne leur sont pas caractéristiques depuis longtemps.

Certaines personnes, cueilleurs de champignons, sont souvent tombées dans la forêt dans un passé pas si lointain d'hologrammes de situations liées à la Seconde Guerre mondiale et ont vu les bâtiments et équipements correspondants. Parfois, ils se retrouvaient dans d'anciens villages. Mais la peur arrête souvent une personne. Par conséquent, quand elle franchit un portail vers un autre monde, elle a peur et cherche à retourner d'où elle vient. La peur est également un limiteur de ses actions dans les hologrammes.

Si une personne se retrouve dans de tels hologrammes, alors pas de son plein gré, mais parce que cela a été écrit d'en Haut dans son programme personnel afin de lui faire comprendre que la réalité existante sur terre est différente de ce qu'elle est habituée à voir dans le quotidien ordinaire de la vie. De cette façon, les gens essaient d'amener une personne à comprendre les vérités Supérieures et à commencer à réfléchir sur ce qui est au-delà des limites de sa connaissance ordinaire.

Où est l'Âme dans les hologrammes.

Le lecteur. Je comprends de l'histoire des hologrammes que l'âme (probablement cela fait partie de l'âme) n'est qu'au moment actuel, c'est-à-dire dans le présent. Y a-t-il des hologrammes du corps dans les hologrammes du futur (jusqu'à présent uniquement pour les humains)?

La réponse. Oui, les hologrammes du futur ne contiennent que des hologrammes figuratifs du corps matériel. L'âme n'y est pas présente. Mais ils peuvent se déplacer en raison de la présence de mécanismes spéciaux de mouvement inhérents aux hologrammes.

Une vision des hologrammes du passé.

Le lecteur. Est-il possible de supposer que l'hologramme du futur est «chargé» d'actions et de mouvement; le présent est-il le mouvement lui-même, et l'hologramme du passé est déjà un état statique "déchargé"?

La réponse. Oui, vous pouvez imaginer comment vous avez dit.

Le lecteur. L'hologramme d'une personne passée contient-il une énergie «moulée» de son âme? Très probablement, oui. Après tout, des constructions énergétiques y ont été faites.

La réponse. Non, la «distribution» de l'âme n'est pas contenue dans l'hologramme du passé, mais il n'y a qu'une conception hologramme du corps matériel destiné à cette âme, avec tous ces changements en elle (dans le corps) que l'âme a faits selon son programme. L'âme ne se manifeste que par l'influence sur la coquille matérielle. Si elle choisissait une version différente des hologrammes, les changements dans le corps seraient différents.

Le lecteur. Comment une personne peut-elle entrer dans un hologramme du passé, s'il se trouve sur un autre plan (par exemple, dans les airs)? Autrement dit, une personne, très probablement, peut "regarder" un hologramme du passé comme si "de côté"?

La réponse. Deux options sont acceptables ici. La première option. Si une personne tombe dans le passé à l'aide d'une machine à remonter le temps, alors là (dans un hologramme) * tout existe sous une forme réalisée qu'une personne est déjà capable de voir, mais avec le temps c'est tellement loin du moment présent de son existence qu'elle n'est pas capable de le voir.

L'œil humain est limité dans le rayon de vision. Son appareil visuel est fabriqué artificiellement pour qu'il perçoive l'un et ne voie pas l'autre. De même, l'œil de la grenouille ne voit que des objets en mouvement et ne perçoit pas les autres. Chez l'homme, il existe une gamme de vision. Il est capable de voir des objets dans un certain rayon. Et tout ce qui dépasse ce rayon est privé de sa plate-forme objective pour son commencement cognitif, tout en restant dans l'esprit un facteur subjectif.

Par exemple, pour son œil, il n'y a pas de Canada, d'Australie et bien plus encore. Si vous changez la qualité de sa vision dans le rayon de perception de la matière physique et de ses fréquences, alors il serait chez lui verrait tout ce qui se fait au Brésil, au pôle Nord et même sur la Lune, et pour cela il n'aurait pas besoin d'un télescope. C'est-à-dire que la vision d'une personne est artificiellement limitée par le travail de son appareil visuel, donc elle est incapable de contempler le passé sans utiliser une machine à remonter le temps, et ce passé existe dans le même monde physique, mais dans sa réalité, qu'il ne perçoit pas avec ses organes limités.

La deuxième option. Ainsi, si vous changez l'appareil de vision, en l'améliorant, une personne pourra voir les hologrammes du passé, sans quitter la maison. Ainsi, par exemple, certains clairvoyants possédant déjà une vision similaire et avec une certaine humeur sont capables de visualiser à volonté les hologrammes du passé. Autrement dit, le problème qu'une personne ne voit pas beaucoup est l'imperfection de sa propre structure. En cours de progression, l'homme améliorera sa conception afin qu'il puisse voir le passé et l'avenir, ainsi que le présent, en même temps, mais cela sera déjà au stade final de son développement sur la Terre.

L'avenir et ses hologrammes.

Le lecteur. L'avenir (Tout est beaucoup plus compliqué ici). Le temps du présent est continu. L'heure future aussi. Peut-être que cela peut être imaginé comme un fil sans fin sur lequel les situations sont "enfilées". Mais comment l'hologramme sera-t-il corrélé avec le temps dans les situations suivantes:

La question. En répondant à l'une des questions, Vous avez répondu: "Des actions mineures telles que se laver, se brosser les dents, regarder des émissions de télévision, lire des livres, manger, etc., ne sont pas planifiées exactement à temps." Mais le temps est continu et les hologrammes s'alignent les uns après les autres de manière séquentielle et continue. Cela signifie-t-il que de tels hologrammes ont déjà été construits dans le futur, sont dans une sorte de «référentiel», et que le temps les «attire» au bon moment et dans la bonne séquence?

La réponse. Tous les programmes privés sont au programme général de la course, dans sa seule situation d'existence et d'évolution dans le temps. Le concept de «général» implique que les Supérieurs ont immédiatement planifié d'autres situations en son sein qui détermineront son existence et ses processus de développement. Et ce dernier passera par la situation des individus. Tout cela est planifié à l'avance, calculé, pour chaque personne, puis des hologrammes du présent et du futur sont construits sur cette base, et le passé se forme en fonction du mouvement des âmes individuelles des personnes dans le présent.

Autrement dit, chaque personne entrant dans une certaine situation a un chemin prédéterminé de son développement dans le volume total de la situation globale de cette race. Et chacun ne se déplace que le long de sa propre chaîne de situations, interrompant périodiquement cette chaîne avec sa mort. Mais après une nouvelle incarnation, il tombe à nouveau dans la chaîne des événements qui lui est prédéterminée à l'avance dans une seule situation de l'existence de l'humanité de cette race. La chaîne générale de ses mouvements s'arrêtera avec la fin du programme de civilisation ou de décodage de cette unité.

Changez l'avenir à travers le passé de l'hologramme.

Le lecteur. Est-ce que je comprends bien: le temps du passé est une construction continue, où chaque instant du temps a son propre hologramme? De plus, dans les hologrammes du passé, l'homme est-il également «holographique», c'est-à-dire sans âme? Si nous sommes dans le passé, ces hologrammes ne devraient pas nous «voir», car ce sont des modèles 3D inanimés (si je puis dire).

Dans ces hologrammes, tout est déjà déterminé, car tout est accompli depuis longtemps: actions, mouvements, réactions physiologiques du corps, pensées, sentiments, etc. Tout impact sur l'hologramme du passé n'est pas autorisé.

La réponse. Une personne ne peut changer l'avenir par le passé qu'à des points de choix. Seul un individu avec une âme peut entrer dans le passé. Un simple hologramme inanimé n'est pas capable d'influencer un changement de situation dans le passé. Il (l'hologramme de l'homme) n'est subordonné qu'à son âme, ils sont donc programmés.

Cependant, toute modification des hologrammes n'est possible qu'avec l'autorisation du Déterminant à la personne qui se déplace dans le temps. Le Déterminant doit lui-même participer à ce processus, donc, avant de permettre à son élève de corriger un événement, le Déterminant Lui-même doit évaluer ses forces et les bénéfices des changements apportés, en tenant compte de toutes les conséquences possibles. Tout n'est pas aussi simple qu'il y paraît. Après tout, si les situations changent, alors d'autres personnes sont connectées aux événements, ce qui signifie que le premier Déterminant devra coordonner ses actions sur le changement d'hologrammes avec d'autres Déterminants.

En raison de ces difficultés, un retour au passé, dans le but de changer les situations, n'est possible que s'il a été initialement inclus dans le programme de plusieurs personnes à la fois. Ces cas sont indicatifs, ils sont donnés à une personne afin que les gens en apprennent davantage sur leur programme, la possibilité de changements et la responsabilité de la personne pour chaque choix.

Ce qui peut être changé dans le passé et dans quelles conditions.

Le lecteur. Si une personne tombe dans l'hologramme du passé, il s'avère qu'il ne peut voir qu'un seul «cadre». En effet, dans le passé, il n'y a pas de mouvement. Supposons qu'un hologramme "prenne" un millième de seconde. Il s'agit d'une «image 3D» statique dans laquelle tous les mouvements sont capturés et arrêtés: gouttes de pluie, vol d'oiseau, etc. jusqu'aux atomes. Dans cet hologramme, l'hologramme d'une personne sera également «capturé» toutes les réactions chimiques, chimico-biologiques, chimico-électriques et les processus de décomposition, d'absorption, de synthèse, etc., associés au mouvement, aux changements.

Il convient également de saisir la quantité d'énergie que chaque cellule ou organe d'une personne traite, combien et quelle énergie, en ce millième de seconde, elle est traitée et donnée, chacun de ses corps énergétiques. Ensuite, il s'avère que vous ne pouvez pas vivre dans le passé. On ne sait même pas ce qui va arriver à l'air qu'une personne doit respirer? Avec lui, des réactions oxydatives peuvent survenir ou non, car il est déjà "inactif"? Si une personne a "traversé" cet air à travers elle-même, alors il s'avère qu'il a déjà changé son énergie?

C'est-à-dire que l'image énergétique de l'hologramme du monde changera dans le passé, et le Temps passé devrait garder tout inchangé. Une telle hypothèse est-elle correcte? Si c'est le cas, alors il devient clair que pour changer les hologrammes du passé, et apparemment, il est nécessaire de changer jusqu'à présent, beaucoup d'énergie doit être dépensée.

La réponse. Nous avons déjà écrit plus tôt que dans le passé, rien ne peut être changé en raison du manque d'action du moment présent dans le temps. Seul le moment présent est capable de transformer les événements selon une autre variante d'une personne ou d'une société. Une personne qui tombe dans le passé, une situation similaire est déjà inscrite dans son programme, sans laquelle il ne peut rien faire. Et comme il est inscrit dans le programme comme une boucle de temps, puis, revenant au passé, il emporte aussi avec lui un moment présent, lui permettant de ne voir que ce qui correspondait à la période de temps où cet événement a eu lieu. Il ne pourra rien voir d'autre. Autrement dit, le moment présent à travers son programme personnel limitera le rayon de vision de l'espace environnant. Tout cela est prédéfini par le programme. Pourquoi une personne devrait voir quelque chose qu'elle ne peut pas comprendre, tout de même cela sera déformé et déformé par lui en raison d'un manque de concepts dans sa matrice personnelle. Par conséquent, toute vision est conçue pour un certain degré de compréhension.

Aucune machine à voyager dans le temps ne sera nécessaire ni dans le passé ni dans le futur, si une personne développe en elle-même les capacités paranormales correspondantes. Progression dans les plus hautes qualités spirituelles et élargit les possibilités de l'homme dans les domaines d'observation de son monde existant. Plus le degré de développement humain est élevé, plus il verra, entendra, ressentira et comprendra sans appareils et dispositifs auxiliaires, en raison de l'utilisation de ses propres qualités uniquement. Par conséquent, il est important pour les Supérieurs que l'amélioration spirituelle d'une personne dans la période actuelle et au-delà, car elle seule peut y développer les superpuissances les plus diverses, permettant à chacun de voir le monde et de se déplacer sans aucun dispositif technique, mais avec l'aide de ses seules qualités personnelles.

Une situation peut-elle constituer pour un point de contrôle, la principale et pour une autre - pas le principal.

Le lecteur. Un événement peut-il avoir un point de contrôle, mais pas l'autre?

La réponse. Oui, pour une deuxième personne, cette situation peut être secondaire. Dans ce cas, ils entrent tous deux dans cette situation à partir de différents points de leurs programmes.

Par exemple, dans une situation de tempête, à laquelle participent principalement un certain nombre de personnes (dans notre cas, deux), chacun a son choix individuel. Par exemple, on peut soit se cacher de la tempête quelque part ou rester dans la rue et se faire frapper par une branche cassée (c'est son choix). L'autre a le choix - regarder une tempête depuis une fenêtre, simplement observer les éléments avec intérêt ou commencer à réfléchir aux raisons de son apparition et à la possibilité de l'éliminer, c'est-à-dire que la tempête le poussera à créer une sorte de théorie. Et il en va de même pour chaque personne positive. Et il n'y aura pas de choix négatif. Par conséquent, le premier ne fera que se cacher de la tempête, et le second ne fera qu'observer.

Le programme et les pratiques karmiques.

Le lecteur. Le programme de vie peut-il être construit uniquement sur des pratiques karmiques, ou faut-il que quelque chose soit nouveau? (En pratiquant les dettes karmiques, probablement, une personne gagnera également quelque chose de nouveau).

La réponse. Pour les âmes décodées, le programme est entièrement basé sur des pratiques karmiques, car avant qu'elles ne soient détruites, elles doivent récupérer intégralement les coûts de leur existence. Et pour ceux qui continuent de s'incarner, des situations qui les aident à s'améliorer davantage s'ajoutent nécessairement aux pratiques karmiques. C'est-à-dire qu'en pratiquant l'ancien, l'âme progresse dans le nouveau.

Le lecteur. Les situations karmiques peuvent-elles être collectées dans la vie d'une personne pour travailler sur 5-6 incarnations précédentes, par exemple, la situation associée au Moyen Âge, au 17e siècle, etc. plus proche de nous?

La réponse. La pratique du karma se déroule dans un maximum de 2-3 incarnations.

Le lecteur. Le pouvoir de l'âme ne peut être acquis que par le passage de situations?

La réponse. Le pouvoir de l'âme ne s'acquiert qu'avec le passage correct des situations, car tout le mal est supprimé, comme le mariage.

Le lecteur. Les personnes ayant un composite similaire (mariage à distance)* sont-elles toutes du même Niveau de développement?

Est-il possible de considérer qu'Ils sont passés par les mêmes situations dans lesquelles ils ont fait le même choix, commis les mêmes erreurs et pensé la même chose, ou presque les mêmes, ce qui les a conduits à un ensemble de mêmes qualités?

La réponse. Oui, vous comprenez parfaitement.

Le lecteur. La qualité du courage, par exemple, peut être acquise dans une guerre, sauver un noyé ou parler devant un large public pour défendre quelqu'un faussement accusé. La qualité est-elle importante dans ce cas, ou dans quelle situation se développe-t-elle?

La réponse. Les situations ici ne sont pas si importantes, l'essentiel est qu'une personne surmonte sa peur, sa lâcheté. À la guerre, surmontant sa peur, elle part au combat et, s'adressant à un public, elle surmonte également sa peur. Surmonter et construire la qualité du courage à différents Niveaux, car elle (la qualité)* a une structure hiérarchique. Du fait du développement, cette qualité se transforme en un sens du devoir, de la responsabilité, de la justice et autres.

Le temps passé. La Terre du passé.
Les chronogrammes.

Le lecteur. Vos livres "Les mystères du temps"disent qu'une personne est conçue de manière à ne pas voir les autres dimensions. Mais au présent, voyons-nous des chrono-mirages, c'est-à-dire des événements qui se sont déjà produits et qui sont entrés dans la phase du passé? Et le passé est une dimension différente. Pourquoi le voyons-nous parfois?

La réponse. Les chronogrammes appartiennent aux hologrammes du monde physique. La Terre a commencé sa restructuration au 20e siècle, donc certains de ses anciens bâtiments sont supprimés, remplacés par d'autres, et à ce moment, vous pouvez voir les miracles chronologiques, qui ne peuvent pas être appelés une autre dimension. C'est aussi un plan physique, invisible aux yeux des gens. Dans le corps humain, il existe également des énergies yin et yang. Ils y travaillent constamment, mais la personne ne les voit pas, mais cela ne signifie pas qu'ils appartiennent à une autre dimension. Les gens ne voient pas grand-chose avec des yeux ordinaires, car la portée de sa vision est très étroite.

Par exemple, les électrons, les protons, les neutrons ne sont pas accessibles à son œil, mais lors de l'utilisation d'un microscope électronique, ils deviennent clairement visibles sous forme de particules de matière. De plus, la structure des atomes et leur combinaison en molécules sont clairement visibles au microscope électronique. Autrement dit, il y a une partie du monde matériel que l'œil humain ne perçoit pas, mais cette partie du monde appartient à notre dimension, seules les possibilités de l'œil sont limitées dans leur perception. Par conséquent, tout ce qui est invisible ne doit pas être considéré avec une autre dimension.

De nombreux hologrammes du monde physique qui s'estompent dans le passé, continuent de se rapporter à notre dimension pendant longtemps. Ce n'est que lorsque les hologrammes du passé s'écarteront du présent depuis 500 ans qu'ils appartiendront à une autre dimension.

De plus, entre les mesures, il existe encore des zones intermédiaires qui, selon les appareils utilisés par une personne, peuvent être visibles ou invisibles. **Avec le temps, les zones intermédiaires existent jusqu'à 500 ans.**

Une personne peut voir le passé pour diverses raisons. Tout dépend de ce qu'il voit exactement et dans quelles circonstances. Par exemple, le Déterminant peut montrer le passé à son élève comme une vision éphémère. L'hypnotiseur, après avoir déverrouillé la cellule de mémoire du subconscient, peut également montrer à une personne quelque chose de son passé. Cela se manifestera également, comme certaines images du passé. Une personne elle-même peut voir les événements à venir du passé sous forme d'hologrammes qui n'ont pas eu le temps d'aller trop loin du moment présent. Cela se produit lors de moments de stress, de chocs nerveux ou d'une propriété périodique et incontrôlée d'une personne qu'elle a développée en elle-même, mais qui n'est pas encore en mesure de la contrôler. Par conséquent, cette propriété apparaît spontanément.

DONNE-T-ON LE PROGRAMME DE DIABLE POUR LES INDIVIDUS POSITIFS

Le lecteur. Je suis intéressé de savoir: y a-t-il des cas où l'âme humaine reçoit temporairement la vie dans le cadre du programme négatif difficile du Diable afin de familiariser l'âme avec une option de développement difficile? Par exemple, ils ont permis une fois de s'incarner en tant qu'individu négatif, avec la possibilité après la mort de conclure par lui-même: a-t-il besoin de tout cela? Autrement dit, peut-il y avoir un mode de réalisation d'excursion?

La réponse. Cela ne peut pas l'être. Autrement dit, pour un individu positif, l'ensemble du programme ne peut pas être rigide, univarié. Après tout, Dieu donne toujours à sa personne un choix et de nombreuses situations difficiles qui vont mal, gagnant tellement de négatif en lui-même que cette expérience suffit à comprendre s'il a besoin du négatif pour la vie.

Cependant, des variantes difficiles des voies de développement peuvent être données à une personne positive, et elles dépendront déjà des objectifs de son éducation. Des options difficiles peuvent être fournies pour qu'un individu élabore son karma, pour reconnaître ses erreurs commises dans le passé ou pour gagner en qualité, par exemple, la qualité de la compassion pour un autre, la qualité du courage, la qualité du temps nécessaire pour une spécialité, etc.

Habituellement, c'est le passage de situations désagréables, la personne elle-même ne les surmonterait pour rien et ne choisirait jamais, mais pour son avenir cette qualité est nécessaire, sinon il n'y aura plus de progrès de l'âme. Certains dirigeants positifs se voient offrir une option difficile dans le programme après avoir fait le choix de devenir un politicien, pour diriger le pays. De plus, toutes les situations se déroulent étroitement avec lui, et parmi eux il y aura de nombreux événements bons et mauvais, légers et difficiles. Après le choix, il devrait déjà tout endurer courageusement jusqu'à la persécution.

Le Diable ne prend pas les siens.

Le lecteur. À l'heure actuelle, les âmes et les âmes négatives ne peuvent pas entrer dans leurs Systèmes aussi longtemps. Pourquoi le Diable ne les prend pas? Après tout, ils suivent attentivement le programme et font tout selon le programme linéaire.

La réponse. Maintenant, la question de l'équilibre des forces entre la Hiérarchie de Dieu et la Hiérarchie du Diable est en train d'être tranchée, et cela n'est réglé que par Dieu. Par conséquent, seul Il décidera dans cette période de transition du sort de chaque personne et après cela, le Diable pourra prendre son âme.

En fonction de l'équilibre des forces établi par Dieu, les âmes négatives qui peuvent dépasser la limite autorisée de la puissance du Diable seront détruites. Chaque âme est soumise à un examen rigoureux, mais avant de quitter la Terre, elle doit attendre une décision d'en Haut. Même parmi les négatifs, avant le Jugement Dernier, les meilleurs sont sélectionnés, c'est-à-dire ceux qui sont plus capables.

Le programme et le Diable. Les énergies pour Lui.

Le lecteur. Dans un de vos livres, le Diable dit: «J'ai compris que Je ne participe pas seulement à la situation, mais que J'obtiens de cette situation exactement l'énergie dont J'ai besoin. J'ai créé l'énergie dont J'avais besoin. Personne d'autre que moi avant moi Je ne l'ai pas fait et Je ne l'ai pas atteint dans ma compréhension. » («Les mystères des mondes Supérieurs» p. 254)

Cela s'applique-t-il aux personnes positives?

Si vous y réfléchissez, une personne positive recherche également ses énergies positives, qui peuvent être extraites de la situation. Par exemple, une personne est attirée pour faire quelque chose de bien pour une autre, c'est-à-dire qu'elle en a besoin et, ce faisant, elle reçoit de l'énergie sous forme de satisfaction. Ou s'agit-il d'autres processus?

La réponse. Cela s'applique aux individus positifs et négatifs. Supposons que tous soient dans la même situation. Le peuple du Diable donne à son maître l'énergie dont Il a besoin selon son programme strict, et le peuple de Dieu, par la tentation et les tentations, fait que le Diable produise la même énergie que Lui seul a besoin. Et Dieu les nettoie des desseins subtils des âmes de ses individus. Et toutes les énergies inutiles à Dieu sont données au Hiérarque négatif. Il n'y a pas de «poubelle» et de «mariage» pour le Diable, ce sont Ses types d'énergies à de bas Niveaux.

Un individu positif cherche également à recevoir des énergies positives. Il le fait par la gentillesse, la charité, l'aide aux autres, non seulement matériellement, mais aussi en transférant ses connaissances aux gens, ainsi que par divers types de créativité.

COMMENT LE DÉTERMINANT VOIT LA SITUATION, SÉLECTIONNÉE PAR L'ÉLÈVE

Le lecteur. Les hologrammes sont inclus immédiatement dans le travail lorsqu'une personne traverse la situation correspondante de sa vie. Mais comment le Déterminant comprend-il que la situation d'un hôpital ou, par exemple, d'un bar attend un individu? Et à quel endroit de son programme est-il situé?

Le Déterminant comprend-il cela par des codes de programme ou par autre chose?

La réponse. Le Déterminant, avant même la naissance de son élève sur la Terre, reçoit son programme de vie et étudie attentivement toutes ses situations, difficultés éventuelles, dangers, puis se familiarise avec les hologrammes qu'il doit traverser. Par conséquent, Il n'est pas difficile pour lui de suivre le passage de l'étudiant à son programme de vie et de voir quelle situation il a traversée normalement et laquelle ne s'est pas terminée.

Le contrôle de l'élève n'est pas difficile pour Lui, tout se fait très simplement. Il commence à le suivre dès sa naissance et sait donc parfaitement bien, se souvient de quelle situation et comment il est allé. On peut dire que le Déterminant se souvient de tout le programme humain par cœur. Par conséquent, voyant ce qu'était la situation précédente, il sait déjà que la situation du Choix approche, donc il est attentif.

Le programme est entré dans «l'ordinateur» céleste du Maître et toutes les situations vécues par l'élève y sont mises en évidence comme si elles appartenaient au passé. Lorsqu'une personne fait un choix, l'option qui se développe à partir de certaines situations est incluse dans le programme de sa vie, et un flux de temps commence à la traverser. En même temps, les hologrammes sont inclus dans le monde terrestre.

Les programmes et les hologrammes sont interconnectés et tout se passe en parallèle et automatiquement. Le Déterminant voit tout sur son ordinateur, le voit comme le script d'une performance connue de Lui qui se déroule dans le temps. Le Déterminant apprend à connaître le scénario de la vie de l'élève avant la naissance de la personne, donc, pour Lui, seul le choix fait par l'élève est important dans le programme, et ce qui va se passer ensuite - Il se souvient parfaitement selon le scénario déjà connu de Lui. Le Déterminant sait très bien où il a le droit d'intervenir dans les situations de sa vie, et où non. Et au bon moment, il lui envoie des impulsions ou des Signes. Parfois, Il peut même lui envoyer une Signe sous la forme d'un hologramme matériel, par exemple, pour lui rappeler que le danger est devant lui, créant un hologramme matériel d'un chat noir qui traverse sa salle. Bien sûr, tous les identifiants ne possèdent pas une telle technique, mais certains des Niveaux supérieurs ont maîtrisé la création d'hologrammes matériels. De plus, certains élèves peuvent entendre la voix de leur Enseignant Céleste et comprendre qu'elle vient de lui.

Un psychique ne voit pas tous les chemins de développement dans les hologrammes d'un autre.

Le lecteur. Pourquoi un psychique ne voit-il pas toutes les voies de développement, mais un (l'avenir de la société) - un de mes amis voit l'avenir en 2036. Qu'est-ce qui détermine qu'il voit ce chemin, et non l'autre? Il voit le chemin positif, mais pourrait-il voir le négatif?

La réponse. Une vision de l'avenir est donnée strictement dans un spectre d'énergie spécifique. Des variantes de voies de développement humain se trouvent dans des hologrammes construits à partir de différentes énergies: la voie positive est un type d'énergie, la voie négative est un autre type d'énergie, la voie neutre est le troisième type. Par conséquent, une personne verra l'option sur le spectre de laquelle sa vision subtile est construite. Pour voir trois options, il faut que la vision fonctionne dans trois spectres énergétiques, et pour cela il faut beaucoup développer. Si un psychique voit constamment une seule et même année, alors ce qualificatif lui indique un événement important qui se produira pendant cette période.

Les lignes sur la main et le programme.

Le lecteur. Si les lignes sur la main gauche montrent de nombreuses options de développement dans le programme, alors pourquoi peuvent-elles changer? Après tout, le programme est établi bien avant le développement humain.

La réponse. Le programme ne contient pas un chemin, mais de nombreuses options de développement. Pour simplifier la compréhension, nous donnons cela dans des livres sur nos diagrammes, des dessins simplifiés de programmes avec un maximum de trois choix, mais en réalité, il peut y avoir beaucoup plus de ces options et toutes sont difficiles à entrelacer.

Les lignes sur la main gauche montrent les options qui correspondent au choix de la personnalité à un moment donné. Une personne vit, son temps et lui-même changent de situation, donc même après une semaine, les lignes de sa main gauche peuvent changer.

La main gauche reflète presque toutes les variantes du programme d'une personne qui correspondent aux temps présents et passés de sa vie, et la main droite ne montre qu'une seule option choisie par une personne (le présent et le futur). Le changement de lignes est associé au passage du temps de la personne, car les situations à 20 ne peuvent pas rester les mêmes qu'à 30, et à 30 - comme à 40. Tout change constamment et cela se reflète dans les mains d'une personne selon son choix.

Pourquoi on ne peut pas connaître son avenir.

Le lecteur. J'ai lu dans un livre que la connaissance de l'avenir sera payée par les inhabités. À juste titre, je comprends que nous parlons d'énergies non reçues, puisque la situation est adoucie dans ce cas?

La réponse. Connaître l'avenir n'adoucit pas la situation, mais au contraire aggrave la position de l'individu, car elle commence à penser moins, ne fait pas de choix, mais va simplement vers un but illusoire, ouvert à elle, disons, une diseuse de bonne aventure. Autrement dit, son âme ne fonctionne pas et ne se développe donc pas correctement. Pour cette raison, une personne passe du chemin du progrès au chemin de la dégradation, et le résultat indiqué par la diseuse de bonne aventure est en marge.

La personne a des options de développement, donc la diseuse de bonne aventure indiquera la situation, par exemple, dans la première version de son exécution, et la personne, en raison de son comportement incorrect, se tournera vers la deuxième option. Comme il suit un chemin facilité, il a des défauts dans les qualités de l'âme, ce qui conduit au fait qu'il est compliqué par des situations ultérieures de la vie ou de la vie future.

Les situations inexpérimentées sont les situations de l'option de développement la plus progressive, car une personne choisit la voie facilitée, qui pour lui est la dégradation. Mais, en option, il se peut qu'une personne se rende directement à un événement prédit. Dans ce cas, il n'a pas de dettes, mais pour cela, il faut faire de grands efforts de son propre esprit.

LA MORT
Ce que l'âme éprouve après la mort d'une personne.

Le lecteur. Après la mort de la personne, son programme, qui prédéterminait ses capacités, a été achevé. Que vit l'âme sans programme? Ressent-elle un soulagement ou, au contraire, une faiblesse?

La réponse. Après la mort et la Cour, l'âme humaine reçoit un nouveau programme de développement sur le plan subtil. Il y sera varié, selon son Niveau, par exemple 50 ans, et pour ne pas perdre ce temps en vain, il faut donner à l'âme un programme de maîtrise de la vie dans le monde subtil. Après avoir vidé la membrane physique, l'âme se sent soulagée si la personne est malade ou blessée. Si une personne a soudainement eu un accident et est décédée, alors une telle âme éprouve de la confusion, de la confusion et du choc. Les sensations de l'âme dépendent toujours de son Niveau de développement. Certaines âmes peuvent s'étonner de leur nouvelle position.

Est-il possible de faire la paix avec une personne après sa mort.

Le lecteur. Mais une personne qui continue de vivre sur la Terre peut-elle se réconcilier avec une personne qui a déjà déménagé dans le Monde Subtil? Par exemple, un homme a tué un autre dans la chaleur d'une querelle, mais s'est ensuite sincèrement repenti de son acte et veut expier sa culpabilité. Comment peut-il faire savoir à sa victime qu'il regrette vraiment ses atrocités et comment peut-il au moins en quelque sorte compenser son préjudice, alors qu'il est encore dans le monde terrestre, de son plein gré avant l'heure des châtiments karmiques ultérieurs?

La réponse. La conscience du crime commis réduit le karma, mais ne libère pas complètement une personne de sa pratique, cependant, la quantité de conscience et de repentance affecte la diminution de la quantité de souffrance karmique. Mais vous pouvez apporter votre repentir à l'âme des tués par la confession dans l'église par le biais d'un pasteur spécial qui est chargé du clergé d'écouter le repentir des pécheurs. Cette repentance se fera entendre dans le monde subtil.

Quant à la réparation du préjudice causé à l'âme d'une personne décédée, elle n'est plus possible, car ce processus est irréversible. Mais si vous priez pour cette âme, alors vous pouvez lui donner une énergie supplémentaire dans son égrégore personnel pour l'existence future. Mais ce ne sera pas compensatoire, car il sera d'une qualité différente de ce qu'une personne devait gagner de son vivant avant le meurtre.

Les points de contrôle sont-ils toujours rigides?

Le lecteur. Le point de contrôle est sur le chemin optimal et une personne ne peut pas l'éviter, car les chemins choisis sont de courte durée et conduisent d'abord l'âme à la situation finale de ce chemin, puis au chemin optimal là-bas, au point de contrôle. Le point de contrôle est une situation difficile strictement programmée, ou les gens ont-ils le choix, mais dans certaines limites, les Déterminants des gens regardent-elles?

La réponse. Les points de contrôle sont toujours effectués de manière rigide et sans choix d'une personne, et tout ce qu'il ne veut pas choisir ne se réalisera pas, mais ce qui sera écrit dans son programme se produira. Cette situation est dite fatale ou fatidique, où une personne est complètement soumise aux circonstances.

LA MORT DU PILOTE

Le lecteur. Que pensez-vous de cette histoire. À l'époque soviétique, des exercices de vol ont eu lieu. L'un des avions est entré en collision visuelle avec un OVNI. Après avoir rendu compte de la situation, il est allé atterrir, mais n'a pas pu poser l'avion. La voiture s'est écrasée. Un peu plus tard, l'armée est entrée en contact télépathique avec des représentants du CS. L'une des questions a touché ce cas lors des exercices. La réponse était la suivante - (pas mot à mot) que le programme du navire a réagi à la manifestation d'une agression dans sa direction. Il s'avère, peut-être, que le pilote de l'avion pensait seulement qu'il serait possible d'attaquer un OVNI, bien que l'avion était sans armes, comment cette impulsion a été interceptée et la source a été détruite. Comment s'est donc constitué le sort de ce pilote? Ou s'agit-il d'un cas exceptionnel? Qu'en pensez-Vous?

La réponse. La mort du pilote dans ce cas a été programmée à titre d'exemple, montrant qu'une personne ne devrait pas être agressive envers des êtres de développement supérieur sans connaître leurs plans. Les extraterrestres volent généralement pour effectuer des travaux sur la Terre ou dans ses entrailles sur les instructions de Dieu. Par conséquent, vous ne pouvez pas interférer dans leurs plans. La bassesse de la conscience de l'homme lui fait attribuer son agression à des êtres pacifiques (OVNI), bien qu'ils arrivent pour aider l'humanité, et non pour la conquérir. L'homme doit changer d'avis.

L'analyse des dates sur les monuments des morts.

Le lecteur. Ce qu'il dit, si une personne visite le site où il y a des exemples de monuments sur les tombes de personnes, les regarde attentivement - il étudie les dates de décès et de naissance. Parfois, il y a un désir de regarder un monument de la tombe. Peut-être que le désir vient du Déterminant, pour tester les qualités d'une personne, comment il réagira quand il pourra les regarder. Il peut condamner quand il voit un jeune homme et dire: "était probablement un ivrogne ou un toxicomane?", Ou vous devez souffrir du fait que les jeunes partent.

La réponse. La perception de ces peintures peut provoquer une grande variété de réactions chez les personnes. Mais ils dépendent largement de l'âge de la personne. Pour les jeunes, un tel visionnement peut sembler intimidant, susciter l'angoisse dans l'âme, tandis que les personnes âgées peuvent regretter leurs vies passées et les pousser à repenser. Certaines natures subtiles ne peuvent généralement pas regarder de tels symboles de tristesse, car dans les vies passées, elles ont eu beaucoup de pertes pour leur cher peuple. Mais en plus des sentiments, une telle contemplation inclut également l'esprit d'une personne qui est déjà capable d'analyser la vie qu'il a vécue avec d'autres personnes.

Les dates sur les monuments peuvent en dire long. Et parmi les premiers partis, principalement pas autant d '«alcooliques» que ceux qui sont morts dans diverses voitures et autres catastrophes. Comprendre les dates grâce à l'analyse de nos informations peut vous dire quelles dettes énergétiques une personne décédée avait, grandes ou petites. Et cela, à son tour, caractérise son style de vie. Dans le livre "La naissance. La mort. Le karma.", Dans la section"La mort", il est juste décrit dans quelles années la plupart des gens meurent le plus souvent, et il est dit que cela est lié aux dettes énergétiques d'une personne. Vous pouvez parcourir le cimetière en faisant des statistiques sur les dates des morts, en enregistrant l'année de naissance et de décès, et en fonction de la durée de votre vie, déterminez le nombre de dettes énergétiques contractées par les habitants d'une ville particulière. Ensuite, analysez l'âge auquel plus de personnes qui travaillent sur le même montant de dette énergétique sont mortes (dans toutes les villes, c'est différent). Une telle analyse nécessite une bonne étude de nos informations.

Sur les situations holographiques après la mort.

Le lecteur. (Les âmes dans les hologrammes après la mort et les âmes piégées dans les hologrammes du temps passé de la 5e race. Quelle est la différence?)

Si je comprends bien, une personne vit dans des situations holographiques. Mais quand une personne meurt et que l'âme quitte le corps, elle voit le monde. Comment? Ou l'hologramme est-il stocké quelque part - l'hologramme est-il associé au programme? Et quand l'âme quitte-t-elle le corps? Il reste intact sur terre pendant longtemps, à cause de ce qu'il voit de notre monde holographique et des situations qui sont construites holographiquement dans le programme? Et le séjour maximum sur terre d'âmes agitées et le minimum? De quoi cela dépend-il? Et combien de suicides. Si une personne n'est pas tuée selon le programme, est-ce une impasse? Ou comment?

La réponse. Lorsque l'âme quitte finalement la coquille physique après la mort, alors la perception du monde et sa vision en lui changent (mais pour chacun cela se produit individuellement). Aucune de ces âmes ne voit d'hologrammes de situations programmables. Notre monde terrestre de l'âme se distingue jusqu'à 3 à 9 jours, puis la vision change. C'est, pour ainsi dire, dans une brume brumeuse, où tout est vague et pas clair. Les âmes mortes sont juste dans ce monde incertain pour elles, créé artificiellement par les Supérieurs. Seuls ceux qui n'ont pas terminé leur programme y participent.

Une âme agitée habite la terre jusqu'à la fin de son programme inachevé. Elle peut être retardée si l'énergie de la souffrance de son âme ne couvre pas les dépenses qui ont été dépensées pour créer des situations de vie qu'elle ne réalisait pas. Les âmes agitées comprennent: les suicides, les alcooliques et les toxicomanes (car en raison de leurs habitudes destructrices, ils raccourcissent leur vie et meurent avant la date qu'ils fixent selon la manière normale d'être, à la fin ils n'ont pas assez d'énergie pour se lever pour entrer dans le canal du distributeur).

Si une personne n'est pas tuée selon le programme (il y a de tels cas), alors elle ne tombe pas dans le monde des âmes agitées, car elle est une victime, et les Essences descendent spécialement derrière lui, aidant son âme à s'élever vers le distributeur.

Les gens tombant dans les hologrammes du passé.

Le lecteur. Vous écrivez que l'avenir se compose d'hologrammes (c'est-à-dire d'événements et de situations non encore manifestés), du passé - de réalisé et non réalisé. Dans le présent, il y a une inversion active de l'une des options sélectionnées pour les événements futurs. Et si une personne, par exemple, tombait dans le passé du présent, alors elle verrait des hologrammes sans âme, et non les gens eux-mêmes. Mais qu'en est-il des histoires de diverses personnes affirmant qu'elles se sont retrouvées à une autre époque et y ont même vécu pendant un certain temps? Ou ne pourraient-ils pas comprendre qu'il y a des hologrammes autour?

La réponse. Les gens n'ont aucune idée des hologrammes. Et nous avons écrit que les hologrammes des êtres vivants ne diffèrent en rien des vrais, y compris les personnes, bien que leur matière interne soit différente. Il y a eu un cas où des connaissances d'un écrivain vivant dans une autre ville l'ont rencontré dans la rue de leur ville, lui ont dit bonjour, lui ont parlé et se sont dispersés, et littéralement le soir, cet écrivain les a appelés de sa ville et a commencé à leur parler comme s'ils ne s'étaient pas rencontrés. Lorsque des connaissances l'ont informé qu'ils l'avaient déjà vu aujourd'hui, l'écrivain a été surpris et les a informés qu'il n'était allé nulle part et était assis à la maison. Autrement dit, dans ce cas, les connaissances de l'écrivain ont rencontré son hologramme, et il était si naturel qu'ils ne pouvaient pas comprendre que ce n'était pas une personne réelle. Et il y a eu beaucoup de ces histoires ces dernières années. Ces faits confirment qu'une personne n'est pas en mesure de distinguer les hologrammes des vraies personnes. De même, l'homme moderne n'est pas en mesure de distinguer les hologrammes du monde de sa forme actuelle.

Le réseautage dans les programmes après les suicides.

Le lecteur. Vous écrivez sur une mort non planifiée (suicide ou lors de catastrophes à grande échelle). Alors, comment les hologrammes se rapportent-ils lorsque cela se produit? Après tout, il existe un programme où une personne doit traverser la situation et vivre, et des hologrammes ont déjà été construits pour ces situations. Il n'y a pas d'hologrammes avec suicide ou décès. Est-ce à dire que lorsqu'une personne choisit de se suicider ou décède dans une telle catastrophe, l'hologramme de la situation se construit en temps réel? Mais il s'avère que d'autres personnes qui ont vu ou des proches qui ont vécu des émotions en même temps ont également abandonné leurs programmes, car cela n'était pas non plus prévu. C'est-à-dire que les gens «sortent» pendant un certain temps des programmes (mais pas du contrôle du Déterminant), car les hologrammes des situations futures doivent être modifiés, et cela prend-il du temps?

La réponse. Il existe un système des Essences, qui fonctionne avec des hologrammes basés sur des moments d'actions humaines imprévues. On peut l'appeler un «groupe d'intervention rapide». Si la personne décédée devait rencontrer d'autres personnes au cours de sa vie, alors le «groupe» rejoint instantanément le travail, en posant des hologrammes temporaires pour ces personnes d'autres personnes (parents, amis, connaissances) qui leur disent les mêmes informations. Autrement dit, il y a une restructuration rapide de l'environnement du suicide à proximité et ce qu'il devait faire, c'est forcer d'autres personnes de son environnement immédiat à se produire. Par conséquent, les situations de vie deviennent plus compliquées pour eux (compliqués par des parents, des connaissances, des amis) qui effectuent son travail pour lui, tout en générant de l'énergie supplémentaire dans son égrégore. Les suicides ont toujours été, par conséquent, il existe un «groupe d'intervention rapide». Ils font tous les liens entre les gens.

L'ENFANT VOIT L'HOLOGRAMME

Nous commençons cette sous-section par une lettre d'une femme dont le petit-fils a vu «quelque chose» dans notre monde que d'autres n'ont pas vu.

«Mon petit-fils, qui aura 5 ans dans 2 mois, a posé cette question. Mais, premièrement, je dirai que moi-même, je me préoccupe de ce problème depuis 40 ans. Quand j'étais enfant à l'âge de mon petit-fils et à la maternelle, des choses étranges m'arrivaient pendant des périodes (peut-être seulement 2-3 fois). Le monde autour a changé pendant un certain temps et j'ai en quelque sorte «abandonné» la réalité. J'ai regardé ce qui se passait de côté. Les gens ne semblaient pas vivants, mais mis en scène. Et tout autour n'était pas réel (maintenant je dirais que c'était un hologramme). Cela a duré environ 10 à 15 minutes. Je me suis souvenu de cette condition pour la vie, je ne sais même pas pourquoi.

Mais hier, mon petit-fils, se promenant dans l'appartement, a commencé à se parler à lui-même et j'ai entendu: «Maintenant ça va passer. Je ne dors pas ... ". Entrant dans la pièce, il était un peu détaché, comme s'il était dans «son monde».

À ma question, "Quel est le problème avec vous?", Il a répondu (littéralement): "Mémé, ce n'est pas la première fois pour moi. Ça va passer maintenant. Je ne dors pas, mais on dirait un rêve ... Tout autour n'est pas vivant. Le chat et toi et maman. Ça passe déjà ... Il faut attendre un peu seulement."

J'ai essayé de le submerger de questions, mais il a répondu spontanément.

176

Puis il s'est assis dans un coin, et s'est donc assis pendant environ 5 minutes. Quand il est sorti de cet état, il s'est amusé, est devenu un enfant ordinaire et a continué à jouer aux jouets. Tout cela m'a rappelé mon enfance. Et déjà dans son état normal, nous avons discuté et comparé avec lui, comme moi, et comment il l'a fait. Ses descriptions coïncident avec les miennes. Et soudain, il m'est apparu - n'est-ce pas la clé du travail? Est-il possible que ce soit l'inclusion (lancement) du programme par âge (5 ans)? Merci d'avance pour Votre réponse.

Une profonde gratitude pour les Connaissances Supérieures !!!

La réponse. Ce sont des observations très intéressantes qui confirment nos informations sur la construction hologramme du monde. Merci de l'avoir mis en lecture générale. Vous avez réussi à comprendre exactement ce qui vous est arrivé dans l'enfance et avec votre petit-fils maintenant. À 5 ans (ou plus, moins l'année), le Déterminant est connecté à l'anneau d'impulsion et la perception de l'enfant du monde est vérifiée. Il doit distinguer le monde réel de l'hologramme et que l'enfant se rend compte que tout ce qui est immobile est temporaire, et cela «passera» signifie que l'enfant comprend que son monde est plein de vie et doit bouger, et tout ce qu'il voit est lié à un état différent du monde. Il est important que l'enfant puisse distinguer pour la formation correcte de son psychisme.

Les hologrammes et l'âme dans les hologrammes.

Le lecteur. Les hologrammes de vie sont-ils formés avant la naissance?

La réponse. Tous les hologrammes sont construits avant la naissance d'une personne après qu'un programme a été écrit pour sa future incarnation, donc tout ce qui arrive aux gens se passe selon le programme.

Une personne peut-elle construire des hologrammes pour elle-même?

Le lecteur. Si les gens avaient développé un cerveau à 80 %, pourrions-nous créer nous-mêmes des hologrammes de notre vie - changer quelque chose en hologrammes, et notre cerveau créerait des idées, et ne décoderait pas l'impulsion du Déterminant conformément à nos images et concepts?

La réponse. Pour toute son évolution sur la Terre, une personne n'aura pas le droit de construire des hologrammes pour des situations de vie passagères, car une personne n'est pas une unité séparée, ne vivant que pour elle-même. Elle est liée par certains processus énergétiques à d'autres personnes, à la planète, aux Supérieurs, et son programme se concentre sur la création d'hologrammes de vie qui dirigent une personne vers toutes ces relations. Une personne ne pourra jamais organiser de tels processus.

Pour créer des hologrammes ou changer quelque chose par vous-même, vous devez d'abord vous élever au-dessus du Niveau moyen de la Hiérarchie de Dieu. Mais les gens à la fin de la course 7 peuvent avoir la possibilité de créer des hologrammes qui ornent sa vie. Ils porteront sur la créativité et, grâce à eux, une personne pourra évoluer dans ce sens. (Si l'homme moderne est autorisé à créer des hologrammes de situations de vie pour lui-même, alors, compte tenu du faible niveau de conscience, il commencera à subordonner égoïstement tout à ses désirs et plaisirs.)

La durée des hologrammes dans les options du programme.

Le lecteur. Tous les chemins ont la même durée et sont téléchargés en même temps, plus ou moins minutes. Et qu'en est-il de la durée des hologrammes sur un chemin et sur des chemins différents?

La réponse. Votre question est posée comme si dans les trois variantes les événements étaient les mêmes, bien que les options soient données pour rendre les situations de vie différentes. Mais nous supposerons que les événements sont tous les mêmes et que seul le chemin entre eux est allongé, et la vitesse de déplacement augmente également en conséquence.

Supposons que trois options pour le développement d'une personne avec les mêmes situations, il doit passer par en une seule fois, mais dans ce cas, chaque option aura son propre taux de tournure des événements, ce qui signifie que tout hologramme de l'âme passera à sa propre vitesse, correspondant à cette option. Par conséquent, tous les hologrammes différeront dans la durée des situations à surmonter, et chaque situation passera à sa propre vitesse, c'est-à-dire que la vitesse des événements sera différente en trois versions.

Si, comme vous le supposez, toutes les options pour les chemins de développement dans le programme incluent les mêmes situations, alors ce sera différent.

La Durée de vie totale des variantes de trois hologrammes avec toutes leurs situations identiques sera la même pour toutes les variantes, mais les chemins de leur passage deviendront différents, c'est-à-dire sur deux options augmentera la distance. Et cela suggère que la vitesse partielle de chaque option augmentera par rapport au chemin optimal. Et ici, par rapport aux situations, deux sous-options sont également possibles. Selon une sous-option, les situations peuvent parcourir le temps à la même vitesse et en même temps que sur le chemin optimal, et sur une autre sous-option, les mêmes événements peuvent se dérouler avec un temps privé individuel et leur propre vitesse. Autrement dit, dans le troisième mode de réalisation, il est possible, selon l'une des sous-options, le passage de situations avec la même vitesse et le même temps que sur le chemin optimal, mais dans ce cas, la vitesse de déplacement entre les situations elles-mêmes, c'est-à-dire les événements de la vie, augmentera.

Nous avons parlé du cas où les événements sur les trois options seront les mêmes. Mais en général, cela ne peut pas être le cas, car des options sont données pour cela, de sorte qu'une personne, faisant un choix, change les situations de sa vie. Par conséquent, chaque option a ses propres événements, une vie différente.

Et puisque les événements seront différents sous toutes les variantes, alors sur chacun d'eux tout ne sera pas le même, individuel (vitesse, événement lui-même et son temps de passage) les uns par rapport aux autres, à l'exception du temps total entre les points de contrôle alloués pour ces variantes.

L'obsession vient-elle dans les hologrammes?

La lectrice. Les hologrammes sont-ils formés avant la naissance? Et si une personne se saoulait et que des entités se collaient à lui, il commençait à tirer sur quelqu'un. Existe-t-il des lois auxquelles les entités obéissent? Il a été choisi parce qu'il était ivre, mais la personne sur laquelle il a commencé à tirer n'est pas ivre, pourquoi ont-ils décidé qu'il devait lui tirer dessus? Je veux dire, il tire non pas par désir, mais sous l'influence d'entités. Ensuite, le tribunal, la salle d'audience et tout ce qui concernait l'enquête et la conclusion. Est-il construit après l'influence des entités? Après tout, sinon pour l'entité, il n'irait pas en prison, ou les entités sont-elles planifiées? Ou un hologramme - une conséquence - est-il prévu? Je veux dire une personne qui est complètement influencée par des entités.

La réponse. Toutes les entités sont négatives. Il y en a beaucoup dans notre monde. Leur objectif est de provoquer une personne et de l'égarer. Ils obéissent au Diable, et donc Il les inclut dans les programmes des personnes qui ont un faible potentiel énergétique de l'âme. Et, par conséquent, ils sont également inclus dans les hologrammes humains.

Les entités ne peuvent pénétrer que les obus temporaires d'une personne de bas Niveau. Mais ces personnes ont toujours le choix: si elles prennent le chemin positif, elles augmenteront leur potentiel énergétique, et alors l'essence ne pourra pas pénétrer dans la structure subtile de l'homme et le commander; et si une personne choisit le chemin de la dégradation, alors son potentiel énergétique diminuera, la protection s'affaiblira et il deviendra soumis à l'essence.

Tous les hologrammes sont construits avant la naissance d'une personne après qu'un programme a été écrit pour sa future incarnation, donc tout ce qui arrive aux gens se passe selon le programme.

La reconstruction d'hologrammes.

Le lecteur. Lors du passage de la cinquième race à la **sixième, les hologrammes seront-ils reconstruits?**

La réponse. Chaque race, la civilisation sur la Terre vit pour atteindre ses objectifs. Leurs Niveaux de développement sont également différents, ce qui nécessite un être différent, des conditions d'existence différentes et donc d'autres situations. Par conséquent, changer de race nécessite nécessairement de changer de programme en fonction des hologrammes.

L'humanité moderne n'existe que pendant la période du changement de race, et la perestroïka a déjà commencé dans tout. À cet égard, beaucoup de choses changent sur Terre: l'environnement lui-même, le climat, les villes et les villages seront transformés, la nature, le monde animal disparaîtra, de nombreux pays et toutes les nations passées disparaîtront. Un nouvel habitat sera formé et il a déjà commencé sa formation. Une personne curieuse et attentive, si elle le souhaite, peut voir comment le changement de l'ancien vers le nouveau se produit.

Pour l'individu non-observateur, il semble que tout se passe de lui-même, pas selon le plan. Il va, comme on dit, "où mènera la courbe". Mais en réalité, tout se passe non pas au hasard, mais selon le plan des Supérieurs, conformément au projet pour l'existence de la 6e course suivante et l'accomplissement des dettes karmiques par la cinquième race.

Tout est construit et reconstruit selon les plans et calculs des Créateurs, Compteurs et Programmeurs Supérieurs.

D'abord, un projet de restructuration de la planète est créé, selon lequel l'un ira sous l'eau, l'autre se divisera en morceaux, selon les calculs mathématiques du Supérieur. L'inutile coulera au fond de l'océan, l'autre s'élèvera au-dessus du niveau de l'eau jusqu'à une certaine hauteur. Tout se passera selon les projets et calculs des Supérieurs, qui ont subordonné leurs plans de reconstruction de la Terre aux grands objectifs du développement de Dieu et de l'Univers. Et puisque tout se passe dans l'Univers - une forme d'existence strictement définie, alors il obéit à ses lois de développement. Par conséquent, afin de ne pas violer les lois de l'évolution de l'Univers, tout ce qui est prévu est strictement calculé, l'excédent est jeté, l'ancien est reconstruit. Et pour que cela se passe exactement au bon endroit et au bon moment, des programmes d'existence et de restructuration sont compilés. Cependant, il convient de noter qu'une forme de vie dans l'Univers coexiste généralement avec une autre, et parfois dans une autre, c'est-à-dire leurs réalités sont intimement liées. Dans ce cas, les Supérieurs doivent strictement limiter tout à la fois dans l'espace et dans le temps de l'existence. Pour contrôler les processus de la vie, les hologrammes inventés plus haut, ce sont des plans subtils qui dirigent les flux de vie d'une forme particulière dans la bonne direction et maintiennent la forme elle-même strictement dans certains endroits de l'espace et du temps.

Les hologrammes contrôlent tous les mouvements des formes vivantes, ne leur permettant pas d'entrer dans des territoires étrangers, et au bon moment permettent de joindre plusieurs formes à un «point» d'espace et de temps pour effectuer des tâches communes qui permettent aux formes elles-mêmes d'avancer dans le développement et en même temps de contribuer à l'amélioration de ce lieu commun dans une plus grande forme d'existence, qui pour eux est le monde.

Ainsi, tout développement, et en particulier le développement humain, se produit selon des hologrammes, pour lesquels les programmes sont d'abord compilés. Plus précisément, tous les hologrammes sont construits sur la base de programmes de formes de vie individuelles.

Les hologrammes ne permettent pas à une même personne d'aller au-delà des limites autorisées de l'espace sur la Terre, et aident également à programmer les actions de différentes personnes sur la base de programmes.

Cependant, on peut atteindre un objectif de différentes manières, ce qui donne le programme de chaque individu positif, mais le résultat en sera différent. Chaque option constitue sa propre base qualitative pour ce qui a été réalisé. Autrement dit, si trois individus reçoivent le même type de programme et que chacun choisit une option sur trois qui est différente de l'autre, alors trois individus arriveront au même point en même temps, mais chacun aura des qualités différentes. Et tout cela sera fourni par des hologrammes. Et sans eux, trois personnes pourraient aller n'importe où et se perdre dans les environs, elles pourraient mourir et obtenir un résultat généralement inacceptable pour un développement ultérieur, qui devrait alors être corrigé en trois ou quatre incarnations. De plus, sans hologrammes, ils pourraient être détruits complètement, détruisant la zone d'existence d'autres formes de vie, violant les plans des Supérieurs concernant le développement d'autres formes.

Et pour que cela ne se produise pas, des hologrammes sont nécessaires qui guident et ne violent pas l'existence des autres.

Qu'est-ce qui va arriver aux continents.

Le lecteur. J'ai une question comme ça. Vous écrivez qu'à l'avenir, certains continents sur terre iront sous l'eau, d'autres sortiront de l'eau et formeront de nouveaux continents, et les gens vivront sur des continents nouvellement formés. Je lis un livre d'un auteur américain qui reçoit des informations de mentors spirituels. Il écrit que des prophéties telles que: "" d'énormes masses de terre disparaîtront sous l'eau ou de nouvelles masses de terre sortiront de l'eau "sont soit erronées soit basées sur une très longue période de temps. Ainsi, des montagnes de 4 km de haut s'enfonceraient dans la mer ou de nouvelles montagnes s'élèveraient de la mer, des tremblements de terre de magnitude 9,0 sont nécessaires chaque jour pendant 30 ans. Une élévation progressive des niveaux d'eau dans les océans ne provoquera pas de destruction instantanée à grande échelle. La plupart des changements peuvent être attendus lorsque de grandes masses d'eau montent de plusieurs mètres en 10, 20 ou 30 ans."

C'est ce qu'écrit l'auteur américain. Que pensez-vous de cela, que pour des mouvements de terrain sérieux, vous avez besoin de tremblements de terre de magnitude 9 points par jour pendant 30 ans? Est-ce possible?

La réponse. Nous n'avons pas indiqué l'heure exacte à laquelle un seul continent resterait sur Terre. Nous disons dans différents livres que cela durera 2 000 ans. Mais si l'humanité continue de se dégrader, alors les Supérieurs ne tiendront plus compte de ses sentiments et de sa délicatesse. Ils sont capables de le détruire en une heure. Il y a plusieurs façons pour Eux de le faire. Vous pouvez vous familiariser avec certains d'entre eux dans le livre «La vie dans un corps étrange», ch. 19. En parlant des changements de la Terre, vous utilisez les arguments des scientifiques et des écrivains sur les processus naturels qui durent des milliers et des millions d'années, mais vous n'avez pas pris en compte la présence d'interventions artificielles introduites dans l'ajustement de la Terre par les Supérieurs. Naturellement, rien n'est connu des scientifiques et des sceptiques matérialistes à ce sujet. Mais de telles interventions, dans cette période particulière, ont déjà trouvé leur début.

Les Supérieurs subordonnent toujours tout à leurs objectifs, et pour Eux il n'y a rien d'impossible. Ils ne resteront pas en cérémonie avec ceux qui ne sont pas en mesure de les comprendre, et donc pas capables de faire progresser l'âme eux-mêmes, bien que plusieurs avertissements aient été envoyés aux gens à des moments différents. Autrement dit, il existe toujours des forces dominantes sur l'homme, auxquelles il doit obéir ou sera essuyé de la surface de la Terre en raison de sa réticence à respecter les Lois cosmiques universelles. Nous devons respecter nos Créateurs et nous efforcer de Les aider avec Leurs grands objectifs (vous devez d'abord être obéissant et garder les commandements divins). Alors les Supérieurs seront magnanimes envers l'homme et l'élèvera au fil du temps à leur Niveau.

*   *   *

VOCABULAIRE

Absolu - 1. Dieu, le mental le plus élevé; 2. un volume spatial, personnifiant un organisme vivant de l'Être Suprême * (voir ci-dessous), qui contient tout ce qui existe et est le sommet d'un certain cycle de développement.

Absolue - a atteint le stade de développement le plus élevé, contenant un ensemble complet des composants requis des composants énergétiques.

Âme - une matrice avec un certain contenu énergétique, qui change dans le processus de perfection. La matrice est connectée à des structures permanentes et temporaires destinées au monde terrestre.

Cinquième Race - le nom donné d'en Haut à l'humanité qui se développait avant 2000. Le nom est associé à la transition de la Terre vers la cinquième orbite en tant que Niveau de développement supérieur.

Code - un ensemble de cryptage énergétique obtenu sur la base des calculs des Systèmes de règlement Supérieur et portant des informations de base sur un objet ou un processus particulier pour le stockage et le traitement afin de reconnecter les processus passés avec le présent. Le code stocke une connexion série d'éléments, sur la base de laquelle le résultat final requis est obtenu.

Composants énergétiques – une composition des énergies dans n'importe quel volume.

Corps énergétiques - des coquilles d'énergie humaine.

Décodage - la destruction de l'âme sur le plan subtil; annulation de la prise de conscience de l'individu de son «Moi» en tant que personne; démonter les constructions énergétiques subtiles de l'âme avec le nettoyage complet des cellules de la matrice des énergies accumulées par l'individu dans toutes les incarnations précédentes.

Déterminant (l'ancien est l'Enseignant Céleste) - la personnalité Supérieure, conduisant une personne ou une autre créature à travers la vie. Il contrôle l'exécution du programme par une personne.

Énergie - 1. tout type de matière (à la fois physique et subtile), caractérisé par un niveau de développement; 2. Il s'agit d'une mesure générale des différentes formes de mouvement de la matière (définition classique); 3. Le potentiel total contenu dans un volume limité.

Entité (être) - un individu rationnel, appartenant à un autre monde, sous une forme qui n'est pas semblable à l'humain, mais possédant des constructions temporaires adaptées au monde dans lequel il existe.

Essence - une personnalité, qui se développe dans la Hiérarchie de Dieu (ou le Diable). L'Essence dans la Hiérarchie est divisée en différents niveaux de développement.

Hiérarchie - 1. une construction spatiale squelettique du plan "mince", dans lequel les mondes de Dieu, habités par des individus d'un certain niveau de développement, sont situés dans un certain ordre. Les mondes (ou plans d'être) sont des Niveaux. Le degré de leur développement augmente depuis la base de la pyramide de la Hiérarchie jusqu'au sommet sur lequel Dieu est situé, qui gouverne tous les inférieurs. La Hiérarchie contient un nombre strictement spécifique de personnalités et de Niveaux; 2. un système de développement séquentiel au niveau de toutes formes, conditions, substances, progressions, etc.

Hiérarque Négatif – un hiérarque, qui dirige la direction négative du développement. Il a sa propre Hiérarchie.

Inférieurs - des individus liés au monde terrestre. Une personne matérielle se tient toujours en dessous de ceux qui sont dans la Hiérarchie de Dieu en développement, car l'énergie "subtile" est un niveau supérieur d'organisation de la matière.

Karma – la rétribution à une personne pour des actions positives ou négatives dans une vie passée (destin bon ou mauvais, prévu dans le programme de la vie humaine).

l'essence est la signification intérieure de quelque chose.

Matrice - la base du cadre de l'âme pour remplir et stocker les différents types d'énergies qui constituent la base du caractère de la personnalité. Il a une structure cellulaire et a la propriété d'étendre indépendamment les cellules lors du remplissage des cellules existantes. La matrice est une conception inspirée à croissance automatique. Le remplir d'énergie va dans un ordre régulier établi par Dieu.

Mince (monde, construction, coquille, etc.) - 1. tout ce qui dépasse les limites de la perception humaine; 2. tout ce qui est créé à partir d'énergie d'un ordre supérieur à la matière physique.

Nature - un volume spatial appartenant à un immense organisme cosmique, dans lequel tout le reste est situé et se développe.

Niveau - le degré de développement de quelque chose ou de quelqu'un.

Niveau de la Hiérarchie - le monde ou le plan d'existence dans la Hiérarchie. Les Niveaux sont organisés selon leur ordre, c'est-à-dire la séquence régulière de développement des énergies du plus bas, le plus proche de la Terre, au plus haut, le plus proche de Dieu.

Orbital - un nouvel état énergétique de la Terre, à un niveau de développement plus élevé que le précédent. La transition vers une nouvelle orbite est toujours associée à un changement de civilisations, puisque chaque civilisation est calculée sur la production de certains types d'énergies pour la planète. Chaque civilisation en voie d'existence augmente le potentiel énergétique de la planète, ce qui lui permet de s'élever d'un cran plus haut.

Plan (d'être) - 1. un monde, un plan d'existence; 2. un continuum espace-temps d'une certaine construction, habitat de formes spécifiques de créatures. Les plans de l'être sont séparés par des limites spatiales ou temporelles, ou sont situés dans des continus avec différentes caractéristiques fréquence-énergie de la matière.

Potentiel de l'âme - un indicateur de puissance de la personnalité. Il est constitué de la somme des potentiels des énergies qui remplissent sa matrice et ses coques constantes.

Potentiel énergétique - une caractéristique de la puissance énergétique de l'âme ou de quelque chose (processus, volume mondial), constitué des potentiels totaux de toutes ses accumulations d'énergie (accumulations de l'âme, processus, état, etc.). Plus le volume accumule d'énergie, plus son potentiel énergétique est élevé, plus la puissance et le Niveau de développement sont importants.

Pouvoir de l'âme - 1. son pouvoir, constitué de la somme des potentiels des types d'énergies accumulées; 2. la capacité de l'âme à effectuer des actions ou des processus (y compris mentaux); capacité de travailler par unité de temps.

Progression de l'âme - la croissance, l'accumulation d'énergies dans sa matrice selon un programme donné.

Qualité de l'énergie - un type d'énergie uniforme.

Réincarnation - la réincarnation de l'âme d'une personne en différents corps d'une vie à l'autre. Mini-étapes du développement évolutif de l'âme.

Sixième race - une nouvelle race de l'humanité, conditionnellement originaire de 2000. Le nom est associé à la transition de l'humanité vers la sixième orbite, un stade de développement plus élevé que celui sur lequel se trouve notre cinquième race.

Stockage d'énergie – une accumulation de divers types d'énergie dans n'importe quel volume.

Supérieurs – des individus dont le niveau de développement est supérieur au plan terrestre et gouvernant la Terre et l'humanité.

Système Hiérarchique - 1. une communauté d'Essences rationnelles, unie par un Niveau de développement et résidant dans la Hiérarchie. Les Systèmes sont situés à un ou plusieurs Niveaux et ont un degré de développement correspondant à ce Niveau; 2. Le système appartenant à la Hiérarchie.

Système négatif - une communauté d'Essences hautement développées, liées à l'accumulation d'énergies négatives dans la matrice par le biais d'opérations de calcul, de programmation et de nombreux autres processus. À la tête de ce Système se trouve le Hiérarque négatif (le Diable).

Système positif - une communauté d'Essences hautement intelligentes* liées à l'accumulation d'énergies positives dans la matrice à travers les processus de créativité, aidant les autres et un certain nombre d'actions positives différentes.

Sommaire

Introduction..6
Le préface. Les signes de 2019.
Les signes, examinés par les lecteurs......................................7
Ce qui se passera après......................................10
CHAPITRE 1
Intéressant inconnu. Les écrivains et les poètes......................13
Ce qui n'est pas interdit aux écrivains..........................14
Les énigmes de la mort de Gogol............................16
Mikhail Bulgakov..18
Concernant le roman « Le Maître et Marguerite »....................20
Concernant le livre « A la recherche du tiers monde » et le roman de Boulgakov « Le maître et Marguerite » 20
Les écrivains sous la forme de mentors Célestes......................21
Les informations dans des livres du monde subtil......................22
Où Dante a-t-il obtenu des informations sur le Paradis et l'Enfer ?....23
Castaneda est bon ou mauvais ? 23
La Signification cosmique du conte « A propos de sœur Alyonushka et de frère Ivanushka » 24
Les poètes voyants..25
La réincarnation de deux poètes. Pouchkine et Lermontov seront-ils incarnés..........................27
Où passera Tchaïkovski..28
Comment écrire des films..29
Les films d'horreur – les réalisateurs et les écrivains......................30
Où les auteurs obtiennent-ils des informations pour les films d'horreur ? 30
Un homme regarde des films qui résonnent avec son âme..............31
Les âmes de qui sont maintenant dans les corps des chefs d'État

actuels ? 31

Les travailleurs politiques. Hitler. L'option de victoire d'Hitler pendant la guerre...32

Les médecins de l'époque du fascisme nazi................................33

La créativité d'Hitler, des négatifs...33

Le rôle du Gagnant...35

CHAPITRE 2

Le nouveau sur les chiffres.

La matière physique en chiffres...41

Les secrets de quelques Chiffres...43

Le nombre 12...47

La mauvaise mémoire pour les chiffres..48

Des chiffres dans notre vie

Le nouveau sur la célébration du « Nouvel An » 49

Le baptême et la numérologie...51

La prévoyance de Pythagore..53

Astrologie..64

Les pyramides...67

CHAPITRE 3

Les mots, la lettre « Ë » et l'Essence des lois

Le changement de discours et de mots au fil du temps...............69

La matrice des lettres et la lettre « Ë » 70

L'Harmonie dans la phrase...71

Les mots obscènes..71

D'où vient la saleté dans le jurant ? L'énergie du mot.................72

Les dettes énergétiques dues au jurant..72

Le nom de la ville est ce que le mot porte....................................73

La fixation de la manifestation des Supérieurs dans notre monde......74

Les Essences...74

L'Essence de la mort...77

Est-il possible de voir les Essences de la vie, de la mort, ctc............79

Les Essences du Feu. La cause de l'incendie................................80

A quel système sont liées les Essences du Feu............................81

Les Essences du Feu captent les âmes des gens..........................81

L'Essence de l'être...82

Où est l'homme dans l'Essence de l'être......................................82

Les Essences du Temps..83

Le travail de l'Essence de l'Unité..83

La Loi de l'ordre...84

Les Essences du Karma..85
L'essence du Chaos..86
Les Déterminants peuvent-ils être des Essences du contrôle ? 88
L'âme d'une personne peut-elle devenir l'Essence de l'Harmonie......89
L'Essence du Temps et de l'Harmonie. Qui a plus de chance............89
Les Lois
La matrice des Lois et des règlements.......................................90
La Loi « Loi d'Intervention » 91
La découverte de propriétés chez l'homme à l'aide du livre « Les Lois
de l'Univers » 92
Comment devenir les Essences des Lois.....................................93
L'Essence de la Loi et ses énergies...94
CHAPITRE 4
Le temps. Les programmes. Les situations
Le temps et les caractéristiques de son travail. Les programmes........97
Le programme et les points de contrôle......................................99
Le chemin de développement optimal dans le programme...............103
Le programme et la situation..104
Apporter une punition rapide à la situation.................................106
Le programme et les points de contrôle.....................................111
Le travail des organes humains dans les programmes....................115
La durée de vie et le programme..116
L'objectif dans le programme..117
La matrice du temps...120
Le travail de la Matrice du Temps chez l'homme..........................122
Est-ce qu'on considère des options pendant la Cour. Les
programmes...122
CHAPITRE 5
Les boucles du temps. Le travail des programmes
Comment une personne vit et pense selon le programme.................124
Les rencontres selon le programme...126
Choisir un chemin dans le programme.......................................128
L'essence relie les situations du programme avec leurs hologrammes
sur la Terre..131
L'Essence de l'Intension dirige la personne dans le programme après le
choix..132
Les sentiments, les émotions les désirs sont-ils programmés...........133
Le point final du programme...135
L'impasse dans le programme...137

Le nombre d'impasses dans le programme................................137
La relation des hologrammes avec le temps............................138
La phase du présent dans l'hologramme................................139
La sensation intérieure de l'homme de son Temps....................139
Fonctionnement du temps dans le programme d'une personne.........141
Un fragment du programme avec trois options pour les chemins de
développement de choix..141
La prise de conscience de ses actions peut-elle entraver le passage d'un
programme personnel..144
Ressentir son programme et y travailler...............................145
Est une personne capable de former des situations de sa vie par le
pouvoir de la pensée...145
Le point de contrôle à un poste de direction..........................147
Le travail de l'intuition dans le programme............................148
Les changements dans le programme pendant la vie...................149
Est-il possible de remplacer le programme pendant la vie..............150
Le rapport entre l'ordre et la liberté de choix dans le programme.....150

CHAPITRE 6
La connexion des programmes avec les hologrammes

Les hologrammes privés dans un hologramme commun................152
Les hologrammes de situations...153
Où est l'Âme dans les hologrammes....................................156
L'avenir et ses hologrammes...158
Changez l'avenir à travers le passé de l'hologramme..................159
Ce qui peut être changé dans le passé et dans quelles conditions......160
Une situation peut-elle constituer pour un point de contrôle, la
principale et pour une autre – pas le principal........................161
Le programme et les pratiques karmiques.............................162
Le temps passé. La Terre du passé. Les chronogrammes..............163
Donne-t-on le programme de Diable pour les individus positifs.......164
Le Diable ne prend pas les siens......................................165
Le programme et le Diable. Les énergies pour Lui....................166
Comment le déterminant voit la situation, sélectionnée par l'élève...166
Un psychique ne voit pas tous les chemins de développement dans les
hologrammes d'un autre...168
Les lignes sur la main et le programme................................168
Pourquoi on ne peut pas connaître son avenir.........................169

La mort

Ce que l'âme éprouve après la mort d'une personne....................170

Est-il possible de faire la paix avec une personne après sa mort.......170
Les points de contrôle sont-ils toujours rigides ? 171
La mort du pilote..171
L'analyse des dates sur les monuments des morts.......................172
Sur les situations holographiques après la mort.........................173
Les gens tombant dans les hologrammes du passé.......................174
Le réseautage dans les programmes après les suicides..................175
L'enfant voit l'hologramme...176
Les hologrammes et l'âme dans les hologrammes.......................177
Une personne peut-elle construire des hologrammes pour elle-même ?..177
La durée des hologrammes dans les options du programme............178
L'obsession vient-elle dans les hologrammes ? 179
La reconstruction d'hologrammes...180
Qu'est-ce qui va arriver aux continents....................................182
Vocabulaire..185

La liste des livres
Série « Au-delà de l'inconnu »
Seklitova L.A & Strelnikova L.L

Site : www.6paca-france.com
Mail : 6paca.fr@gmail.com

FACILE
« L'Esprit Supérieur révèle les mystères » (FAQ)
« Terrestre et Éternel » (FAQ)
« Les mystères du 21ème siècle » (FAQ)
« Le chemin de l'inconnu » (FAQ)
« L'illusion de vérité » (FAQ)
« Rencontre avec les invisibles »
« La création des formes ou bien les expériments de l'Esprit Supérieur »
« L'Homme de l'ère du Verseau »
« Le dictionnaire de la philosophie cosmique »
« Le mystère de la réalité »
« L'espace Apocalypse »
« le mystère à la réalité »

« Le Formule de l'évolution »
« L'homme de la race d'or »
« Le feu de Prométhée ou la mystique »

MOYEN
« L'Âme et les mystères de sa structure» (FAQ)
« Les mystères des mondes Supérieurs » (FAQ)
« La vie secrète des Maitres Célestes » (FAQ)
« La structure d'énergie d'une personne et de la matière » (FAQ)
«Les perles des vérités Supérieurs »
« Conversation sur l'inconnu »
« La matrice – base de l'âme »
« Le doigt du Destin »

DIFFICILE
« La philosophie de l'éternité »
« La philosophie de l 'Absolu »
« L'individuel et l'éternité »
« Formation de l'âme ou paradoxale philosophie »
« Le nouveau modèle de l'Univers, et le mystère de l'univers, est ouvert »

TRÈS DIFFICILE
« Les Lois de l'Univers »

Série « Encyclopédie d'une Nouvelle Ère »
Seklitova L.A & Strelnikova L.L

MOYEN
4. « La naissance, la mort et le Karma » Tome 4
5. « L'Amour, la Famille et les Enfants » Tome 5
6. « L'évolution de l'Humain » Tome 6
9. « La personne extraordinaire » Tome 9

DIFFICILE
1. « Le création de l'Homme » Tome 1
2. « Le création de l'âme » Tome 2
3. « Le développement de la mentalité » Tome 3
7. « Le Choix de l'Ame ou bien l'Evolution positive et négative d'une

personne » Tome 7

8. « Le Sort, le Destin ou bien le Rôle des Programmes dans l'Evolution d'une personne » Tome **8**

10. « Le nouveau sur la religion » Tome 10

11. « Le genre humain » Tome 11

SECTION : « *La race de la Terre d'or* »

DIFFICILE

12. «La terre, une planète sage » tome 1

13. «Les mystères du Temps » tome 2

14. « L'univers et ses mondes » tome 3

Série « Magie de la Perfection »
Seklitova L.A & Strelnikova L.L

FACILE

« La Liberté et la Fatalité »

« Les leçons Karmiques du Destin »

« Le Grand Passage ou les Variantes de l'Apocalypse »

« Pourquoi les changements de la Terre »

« Le Formule de l'évolution »

« La Terre – 21 siècle »

MOYEN

« La Phénomène de l'âme »

Série « Spiritualité à Aphorisme »
Seklitova L.A & Strelnikova L.L

FACILE

Cette série Cette série comprend des livres suivants: « Facettes du diamant », « Blues d'étoile », « Miroir de la sagesse », « Pétales du lotus », « Ode de l'éternité », « Sonate de la vérité », « Sagesse *à aphorisme* », « Vérités éternelles ».

194